金融助力乡村振兴

杜 帅 著

中国财经出版传媒集团
中国财政经济出版社
·北 京·

图书在版编目（CIP）数据

金融助力乡村振兴 / 杜帅著. -- 北京：中国财政经济出版社，2025.3

ISBN 978-7-5223-3142-3

Ⅰ. ①金…　Ⅱ. ①杜…　Ⅲ. ①农村金融—作用—农村—社会主义建设—研究—中国　Ⅳ. ①F320.3

中国国家版本馆CIP数据核字（2024）第091808号

责任编辑：陈志伟　　责任校对：胡永立
封面设计：卜建辰　　责任印制：史大鹏

金融助力乡村振兴
JINRONG ZHULI XIANGCUN ZHENXING

中国财政经济出版社 出版

URL：http：//www. cfeph. cn
E-mail：cfeph@ cfeph. cn

社址：北京市海淀区阜成路甲28号　邮政编码：100142
营销中心电话：010-88191522
天猫网店：中国财政经济出版社旗舰店
网址：https：//zgczjjcbs. tmall. com
涿州汇美亿浓印刷有限公司印刷　各地新华书店经销
成品尺寸：170mm×240mm　16开　13.5印张　184 000字
2025年3月第1版　2025年3月河北第1次印刷
定价：48.00元
ISBN 978-7-5223-3142-3
（图书出现印装问题，本社负责调换，电话：010-88190548）
本社图书质量投诉电话：010-88190744
打击盗版举报热线：010-88191661　QQ：2242791300

编委会成员

丁明高　对外经济贸易大学青岛研究院副院长

金小孟　盈科律师事务所中国区监事会主席、新疆政协常委

付建龙　江苏经贸职业技术学院副院长

周志凯　对外经济贸易大学保险学院社会保障与企业金融中心主任

杨春光　国家农业担保集团副总经理

张洪波　国家乡村振兴局财务司二级巡视员

刘　高　湖南省科技厅监督与诚信建设处处长

王崇林　吉林粮食集团米业公司董事长

吴更雨　河北省农业农村厅一级巡视员

陈才明　国家水稻中心副主任

丁国强　北京教育科学院研究院丰台实验小学书记、校长

徐　健　北京国际商贸服务协会会长

解子德　安徽省政府参事室特约研究员

陶智敏　北京安录国际技术有限公司执行总裁

罗　琪　北京智信恒瑞科技股份有限公司董事长（股票代码：873126）

朱现领　北京泽达律师事务所主任

刘　松　北京中诚致信网络科技有限公司总经理

彭　鹏　对外经贸大学社会保障与企业金融研究中心副主任

程伯全　中国食品安全报社社长助理，四川记者站站长

何秋颖　四川电影电视学院管理学院专业带头人、副教授

李　晶　国家应急管理大学管理学院副教授

孟　超　宁波银行北京丰台支行行长

朱　慧　安徽皖垦土地开发有限公司复垦公司

楚微飘　河北拓诚教育咨询有限公司总经理

朱璧珩　中国质量检验检测科学研究院检测工程师

陈勃夫　北京建言献策咨询中心主任

编　者（排名不分先后，编者皆为杜帅老师的已毕业和在读学生，其中有中国人民大学商学院MBA，中国社会科学院大学MBA以及北京大学MBA和博士，还有其他高校参与调研的学生）

吴　凡　沧州银行股份有限公司零售业务部副总经理

李　晨　马家庄乡人民政府

韩　雪　北大纵横管理咨询公司合伙人

郭懿鸣　北京回龙观医院人力资源处

陶嘉晟　北京大学第六医院财务处

夏莉茹　北京银行股份有限公司

褚钟瀛　水利部宣传教育中心人事处干部

马海曼　北京中银律师事务所律师，内蒙古京能能源开发有限责任公司监事会主席

马东超　山东大学财务部

李　洁　河北省张家口市桥西区南营坊街道办事处

金　花　中国宏观经济学会

成　昆　北京首创新都置业有限公司投资拓展部副总经理

张贺军　北京新航城研究院主任规划师

苏莹丽　星际荣耀航天科技集团股份有限公司部长

胡　越　北京火山引擎科技有限公司汽车出行战略大客户高级经理

崔曼琳　中国银行业信贷资产登记流转中心不良资产转让业务部副经理

吴邦睿　北京大学经济学院博士研究生

冯乐雅　南京理工大学博士研究生

汤　洽　北京邮电大学国际学院物联网工程专业学生

李逸煊　香港教育大学硕士研究生

前　言

PREFACE

在广袤的田野上，乡村振兴的种子正在生根发芽。这是一场关乎亿万农民福祉、关乎国家未来发展的伟大变革。

本书以温暖、真实的笔触，记录了乡村振兴战略的深刻内涵和生动实践，旨在展现这一宏伟蓝图下，如何通过金融创新和政策引导，激发乡村的活力与潜力。我们从历史的长河中汲取智慧，从现实的土壤中寻找答案。乡村振兴不仅是经济发展的需要，更是文化传承的使命。在这一过程中，我们看到了文化娱乐场所的升级，感受到了本土文化产品的创新，体验到了村民文明素养的提升，以及传统文化多样性的保护。这一切，都为乡村振兴注入了鲜活的灵魂。

本书深入探讨了乡村振兴的多维度路径，从金融支持到资本市场，从信贷政策到保险市场，再到金融科技的运用，全面分析了如何通过金融手段助力乡村振兴，实现中华民族的伟大复兴。不仅回顾了乡村振兴战略的历史背景和时代意义，还详细阐述了金融在乡村振兴中的关键作用，以及如何通过规划引领乡村振兴的新征程。在展望未来时，本书不仅指出了当前乡村发展所面临的现状与困境，还展望了新时代乡村振兴历史进程下的转变，以及新形势下乡村发展的现实需求。我们通过研究全球乡村振兴的最佳实践，为我国乡村振兴提供了宝贵的国际经验。

本书的撰写基于对我国乡村振兴战略的深入理解和对相关政策措施的全面梳理，旨在为政策制定者、学者、实践者以及所有关心乡村振兴的人士提供参考和启示。通过阅读本书，我们期望能够激发更多人对乡村振兴的关注和参与，共同为实现中华民族伟大复兴的中国梦贡献力量。

著者

2025年3月 写于北京

目 录

CONTENTS

第1章

Chapter 1

乡村振兴战略的时代背景和重大意义

1.1 中国实施乡村振兴战略的时代背景

中国是农业大国，国之基础即是发展农业。2003年12月31日，《中共中央 国务院关于促进农民增加收入若干政策的意见》出台，并于2004年2月9日公布，党中央就“三农”问题下发一号文件。长期以来，“三农”问题一直是我国政府高度重视的问题，解决“三农”问题，有利于协调推进“四个全面”的战略布局，有利于解决当前社会主要矛盾，有利于实现共同富裕的基本目标，也是实现社会主义“中国梦”的必然要求。2017年，党的十九大会议，进一步提出了乡村振兴战略，这一概念将农业农村发展提升到国家战略的新高度，不仅为新时代“三农”发展提供了全新的解决思路，也为农业农村现代化发展指明了战略方向，对我国经济实现高质量发展和全面建成小康社会具有重要的现实意义。乡村兴则国家兴，乡村衰则国家衰，当前，我国农业、农村、农民问题，依然关系着我国的民生大计，这是全面建成小康社会的基本内容，也是全面建设社会主义现代化强国必须要解决的问题。2022年，《中共中央 国务院关于做好2022年全面推进乡村振兴重点工作的意见》，即中央一号文件发布，提出“接续全面推进乡村振兴，确保农业稳产增产、农民稳步增收、农村稳定安宁”，准确判断和把握社会主义主要矛盾，继续加大解决“三农”问题的力度，才能实现小康社会和社会主义现代化强国的全面建成，实现“两个一百年”奋斗目标和中华民族伟大复兴的中国梦。

1.1.1 农村现状不容忽视

在我国现代化进程中，农村区域发展相对还不平衡，基础设施建设和公共设施建设还相对滞后，农村治理体系仍需要不断完善，这些问题不仅是新时代社会主义主要矛盾的变化，也是对乡村振兴战略的实施提出的新要求。

（1）农村人口结构的改变

随着我国工业化和城镇化进程的不断推进，2021年中国常住人口城镇化率达64.72%，户籍人口城镇化率提高到46.7%，其中包括了很多进城务工人员。务工人员大量涌入城市，为城市的经济繁荣、产业发展、宜居环境提升做出了不可磨灭的贡献。因此，城市的快速发展以及农民的大量进城，也进一步导致了农村的人口急剧减少。进城务工人员多为青壮年劳动力，导致留在农村地区居住的人员普遍为劳动能力较低的老人和儿童，可见，农村正逐渐向老龄化、空心化的农业结构发展。在进城务工的农村人口中，大多是为了可以提升收入水平，改变现有生活状态，有一部分在逐渐适应城市生活后，会更希望自己以及下一代有一个较好的生活环境与教育环境，那么，这些人对返回农村的意愿就会逐渐降低，这也会导致农村人口结构日益失衡。

（2）农村传统村落的消失

我国农村主要以农耕为主，这不仅是农民生存的方式，也是中华民族的传承，更是中华民族文化的灵魂。随着城镇化进程不断推进，农村中有劳动能力、有专业技能、有文化知识的人不断向城市涌入，带走的不仅是人口，更多的是带走了农村的发展动力。因此，这也导致了农村发展停滞不前、凋零衰败的现象。不仅如此，随着人员的离开，更多的农村土地被搁置，不仅没有专业人员进行打理，也没有转让他人用于种植，导致部分土地处于荒废状态，无法在短时间内恢复农业价值。对于农民而言，农业种植的收入相对较低，成本投入相对较大，稳定性相对较差。同时，伴随着新农村的建设，有些地区打破了传统村落的生活方式，为了追求村容村貌，拆除了具有农村特征的戏楼、牌坊、院落等标志性建筑，乡村文化逐渐模糊。

（3）农村传统文化的衰落

随着城镇化、工业化的不断建设，工业化厂房逐渐代替了农耕，高层居民楼代替了传统村落，伴随而来的，是农村文化的流失。农村传统文化是中华民族文明的产物，是中华民族文化的根源，这不仅仅体现在文物、建筑等具体物体上，还体现在精神、技艺等非物质上。但是，随着城乡差距的不断扩大，互联网络的发达，人们的观念也发生了转变，农村传统在现代市场的冲击下逐渐失去了发展活力，礼仪习俗逐渐被淡化，传统文化的认同感逐渐衰弱，导致中华传统文化不断流失。

1.1.2　城乡发展不平衡不充分

（1）农村产业结构不平衡

对于传统农业而言，我国农村的农业布局不是非常合理。在农村经济中，一般以户为单位划分土地，无法形成一定的规模进行大量生产；同时，部分地区还保持着人工种植，因为地势环境或者土地面积等原因，无法用机器设备代替人工，造成生产力效率低下，农作物成活率较低。由于农业生产者对市场的不熟悉，农民的增收渠道相对较少，在市场经济中，农村获取的消息相对滞后，市场竞争能力不足，农民种植的农作物达不到市场消费者对产品的需求，逐渐造成了供求不平衡的现象。

（2）农村基础设施建设和公共服务有待完善

长期以来，我国的基础设施建设和社会服务设施建设大多向城市倾斜，在部分农村地区，依然存在着道路不畅、水资源匮乏、医疗设施落后、环境治理不达标、教育资源不均衡的情况，这些情况成为城乡发展不平衡的重要因素，特别是青年劳动力向城镇迁移与乡镇机构改革后，基层工作人员不足，财政资金投入降低，这无疑使乡村建设更增加了难度，在一定程度上，也加剧了乡村基础设施建设和公共服务建设的滞后。

（3）粮食安全有待强化

民以食为天，粮以土为本。2022年中央一号文件中指出："牢牢守住保障国家粮食安全和不发生规模性返贫两条底线"，"严守18亿亩耕地红线。"随着人们生活水平的提高，粮食需求呈刚性增长，确保粮食安全不仅是实现经济社会平稳发展的基础，也是保证国家经济安全的关键。近年来，由于产业结构的调整，土地供需矛盾日益突出，同时，伴随着现代化建设和经济的高速增长，农村土地污染、生态环境恶劣、农业用水不足等问题也被逐渐重视。为了守住耕地红线，不仅要提高保护意识，转变土地使用观念，落实耕地保护制度，还要守稳基本农田，加强政策宣传，打造共同参与的良好氛围，更要强化监督问责，加强日常巡查，严惩乱占耕地的现象，切实保护好耕地安全与粮食安全。

1.1.3　抓住乡村振兴新机遇

我们在社会主义新农村建设中，不仅要看到问题，还要切实抓住乡村振兴中遇到的重要机遇，才能在促进乡村振兴过程中更好地解决问题。

（1）国家重视程度逐年上升

我国对农业农村发展一直高度关注，2022年中央一号文件的发布，是21世纪以来第19个指导“三农”工作的中央文件，由此可见，“三农”问题不仅是解决农村现状的问题，更是一个涉及国家经济发展和社会稳定的重大问题，因此，在国家的重视下，相应的政策措施随之出台，明确了乡村振兴中中央和国家机关各部门的责任，制定了实绩考核方法，完善了工作考核制度，构建了强有力的农村工作机构，牵头抓总、统筹协调，以点带面地推动乡村振兴全面开展。党的十九大报告中也指出：“农业农村农民问题是关系国计民生的根本性问题，必须始终把解决好‘三农’问题作为全党工作重中之重。要坚持农业农村优先发展，按照产业兴旺、生态宜居、乡风文明、治理有效、生活富裕的总要求，建立健全城乡融合发展体制机制和政策体系，加快推进农业农村现代化。”通过乡村振兴战略，可以有效加快和推进农业供给侧结构性改革，提升农村综合竞争力，加速城乡产业融合，大力弘扬和践行社会主义核心价值观，也可以不断提高农村精神文明建设，促进农村地区高质量发展，吸引人才回乡创业，为农村地区建设提供保障，有效强化农村民生保障和乡村治理能力。

（2）金融助农政策逐渐增强

2022年中央一号文件中，将“强化乡村振兴金融服务”单独作为一段重要内容，文中指出：“对机构法人在县域、业务在县域、资金主要用于乡村振兴的地方法人金融机构，加大支农支小再贷款、再贴现支持力度，实施更加优惠的存款准备金政策。支持各类金融机构探索农业农村基础设施中长期信贷模式。加快农村信用社改革，完善省（自治区）农村信用社联合社治理机制，稳妥化解风险。完善乡村振兴金融服务统计制度，开展金融机构服务乡村振兴考核评估。深入开展农村信用体系建设，发展农户信用贷款。加强农村金融知识普及教育和金融消费权益保护。积极发展农业保险和再保险。优化完善‘保险+期货’模式。强化涉农信贷风险市场化分担和补偿，发挥好农业信贷担保作用。”这项重要任务的部署，旨在让农民获得更便捷的现代金融服务。近年来，随着金融体制改革发展不断加快，我国对金融机构助力乡村振兴的要求也越来越高，金融机构在发展创新业务的同时，不断增强服务意识和责任意识，如何使金融更好地为乡村振兴提供帮助，如何让农民在金融服务中享受红利，这都是金融机构需要考虑的问题。金融机构要切实为乡村振兴服务，就要回归本源。通过借贷平稳消费，提高农民收入，为农副产品生产与再生产、生产规模扩大与新技术应用提供资金支持；通过信贷补贴和低息贷款的方式，改善金融服务，逐步促进农民收入稳步增长；通过降低贷款门槛，减少交易费用，切实解决农户贷款难的问题。

（3）税务为金融助力乡村振兴保驾护航

强化乡村振兴金融服务，增强金融对乡村产业和新型经营主体的金融支持，是乡村振兴的重要保障。税收政策通过免税、减计收入、准备金税前扣除、简易计税等多种方式，以农户和小微企业为重点对象，鼓励金融机构和保险、担保、小额贷款公司加大对乡村振兴的金融支持力度。对于银行类金融机构贷款税收优惠包括：金融机构农户小额贷款利息收入免征增值税；金融机构农户小额贷款利息收入企业所得税减计收入；金融企业涉农和中小企业贷款损失准备金税前扣除；农村信用社等金融机构提供金融服务可选择适用简易计税方法缴纳增值税；金融机构与小型微型企业签订借款合同免征印花税等政策。对于小额贷款公司贷款税收优惠包括：小额贷款公司农户小额贷款利息收入免征增值税；小额贷款公司农户小额贷款利息收入企业所得税减计收入；小额贷款公司贷款损失准备金企业所得税税前扣除等政策。对于融资担保及再担保业务税收优惠包括：为农户及小型微型企业提供融资担保及再担保业务免征增值税；中小企业融资（信用）担保机构有关准备金企业所得税税前扣除等政策。对于农牧保险业务税收优惠包括：农牧保险业务免征增值税；保险公司种植业、养殖业保险业务企业所得税减计收入；农牧业畜类保险合同免征印花税等政策。这些优惠政策，可以更大程度地降低农户和小微企业、金融机构及担保公司的资金压力，切实让农户享受到更大的税收红利。

（4）大数据等科技不断推动

在现代信息技术不断发展的前提下，“互联网+”的理念逐渐深入人心，各行各业对大数据的研究与应用也应运而生。在我国农村地区，交通不便、基础设施不完善制约着农村的发展，加强互联网建设，推动信息化向农村发展，可以加快城乡数据分析与信息交换，为农民生产生活提供数据依据，提高生产效率，拓宽销售渠道，增加农民收入，进而改善农村生活面貌，提高农民生活水平，吸引高端人才，确保农民切身利益。

（5）人民群众需求不断提高

新时代，新需求，人民日益增长的美好生活需要对生活各个方面提出需求。一方面，随着人们的收入水平提升，消费者在解决温饱的基础上，对食品的安全性和营养性更加关注，这已经成为大势所趋，因此，在发展农业生产上，不仅要确保食品安全，更要对食品多样性进行研究。另一方面，随着城市环境的不断变化，人们更趋向于去乡村旅游与养老，但乡村污染和生态环境问题一直制约着农村地区的可持续发展，因此，依托广大乡村的自然生态资源，改善人居环境，提升村容村貌势在必行，这不仅能从根源上改变农村居住环境，还能加快推动乡村振兴发展，为人民群众日益增长的美好生活作出重大战略决策。

1.2 乡村振兴战略的重大意义

农村地域是由人文、经济与环境等因素共同构成的乡村空间体系，是农村居民生产生活的主要空间。党的十九大报告提出实施乡村振兴战略，是国家的重要决策部署，具有重大的历史意义和实践意义，这不仅可以打破城市与乡村的壁垒，推进城乡一体化改革，为乡村发展提出新的要求和使命，还可以解决我国当下社会主要矛盾，补齐全面建成小康社会的不足，为全面建成社会主义现代化强国提供重要保障。

1.2.1 实施乡村振兴战略是解决我国城乡发展不平衡不充分的迫切要求

随着中国特色社会主义不断发展，我国也进入了一个全新的时代，伴随着时代的进步，社会主义主要矛盾也随之发生转变，我国社会主要矛盾由人们日益增长的物质文化需要与落后的社会生产之间的矛盾转化为人民日益增长的美好生活需要与不平衡不充分的发展之间的矛盾，这标志着全面建成小康社会成功在望，全面建设社会主义现代化国家势在必行。当前，我国农业发展和农村发展还是不平衡、不充分，这不仅体现在城乡之间发展的不平衡，也体现在农村内部发展的不平衡，在城乡发展之中，优质资源更多地向城市倾斜，包括信息资源、教育资源、人力资源等，农村基础设施建设也相对滞后，城乡二元结构问题得不到有效解决，城乡之间的差距就无法缩小；在农村内部发展中，农民人居环境还有待提高，农村公共服务水平相对较低，农业现代化没有做到普及，社会主义新农村建设还未取得全面发展，农民共享现代社会发展成果还不充分。进入新时代，加快推动乡村振兴战略，就要以党中央方针政策为总目标，挖掘乡村优势，夯实产业基础，多方协作拉动农村经济不断发展，进一步改善农村宜居环境，多措并举促进农民增收，大力推动乡村与城镇共同进步。因此，实施乡村振兴战略，不仅是解决新时代我国社会主要矛盾的重要举措，也是解决我国城乡发展不平衡不充分的迫切要求。

1.2.2　实施乡村振兴战略是推进农业现代化进程的必然要求

随着工业化、城镇化的深入推进，农业在国民经济中所占的份额明显缩小，大量农民作为务工人员向城镇转移，农村人口结构发展不平衡，农民收入增长缓慢，甚至出现农村老龄化和空心化现象。乡村振兴战略的提出，加快了农业农村发展，为新时代“三农”工作指明了方向。实施乡村振兴战略，就要充分了解农业农村发展阶段的时代特征和面临的具体问题，结合乡村发展，在具体工作中精准施策、真抓实干，不断推动农业现代化进程向前发展，让脱贫攻坚工作向决定性胜利迈进。推动农业现代化发展，一方面要激发外力，以城市带动农村，以工业反哺农业；另一方面要激发内力，不断提升农业竞争力，加强农村吸引力，激发农村发展动力，内外配合，推动城乡统筹发展、城乡融合的一体化建设，为城乡互动互促互惠发展打造新的契机。因此，实施乡村振兴战略，不仅会引领社会主义新农村建设的不断进步，还会持续推进农业现代化进程的不断发展。

1.2.3　实施乡村振兴战略是全面建成小康社会的重要选择

从“全面建设小康社会”到“全面建成小康社会”，是我们党向人民做出的庄严承诺。真正的小康，是让所有人共享社会经济发展成果，共享国家红利。但是，现阶段我国还依然面临着产品供求不平衡、农村生态环境欠缺、基础设施建设不足、农村农业不发达等问题，这些问题归根结底还是“三农”问题，中央制定实施乡村振兴战略，就是要从根本上解决“三农”问题，这也是全面建成小康社会必须要解决的问题。乡村振兴战略的实施，旨在建立健全城乡融合发展体系，统筹推进农村经济建设，为中国特色社会主义道路提供保障，促使务工人员回乡创业，共同建设宜居农村，提升农民幸福感和获得感。习近平总书记指出：“没有农业现代化，没有农村繁荣富强，没有农民安居乐业，国家现代化是不完整、不全面、不牢固的。”因此，实施乡村振兴战略，不仅是为农业、农村发展补齐短板，也是为全面建成小康社会提供有力支撑。

1.2.4 实施乡村振兴战略是全面建成社会主义现代化强国的重要任务

党的十九大报告深刻回答了新时代坚持和发展中国特色社会主义的一系列重大理论和实践问题，描绘了夺取新时代中国特色社会主义伟大胜利的宏伟蓝图，社会主义现代化强国建设是整体性建设，是社会文明的推进，是城乡融合发展的过程，实现农业农村现代化发展，在体现社会主义现代化强国建设中具有至关重要的作用。在我国，农村占地面积大、农业人口也多，基础设施发展薄弱，相对城市而言，振兴是有一定难度的。可以说，全面建成社会主义现代化强国，农业农村现代化建设是一项关键的指标。实施乡村振兴战略，事关整个社会主义现代化建设大局，因此，实施乡村振兴战略，不仅能够推动农村现代化的顺利实现，还能够为全面建成社会主义现代化强国提供坚实力量。

1.2.5 实施乡村振兴是弘扬中华优秀传统文化的有效方法

习近平总书记强调：“中华优秀传统文化是中华民族的突出优势，是我们最深厚的文化软实力。”文化是一个国家、一个民族的精神家园，优秀传统文化是一个国家、一个民族传承和发展的根本。我国的文化源于乡村，乡村中不仅有很多具有地方特色的物质文化遗产，还有很多需要传承的精神文化遗产。中华优秀传统文化博大精深，是中华文明智慧的体现，也是涵养社会主义核心价值观的重要源泉。实施乡村振兴战略，可以有效地保护乡村文明不被破坏和遗忘，可以更大程度地将中华优秀传统文化发扬光大，更可以为社会主义发展提供经验借鉴和智慧启示。

第2章

Chapter 2

乡村振兴战略的历史沿革

农业是人类文明的重要组成部分，历史上古老文明的出现都与农业密切相关。中国具有悠久的农耕文明，“以农立国”思想是封建社会历代统治者的一贯思想。乡村是具有自然、社会、经济特征的地域综合体，兼具生产、生活、生态、文化等多重功能。乡村在中国有着悠长久远的发展史，其形成和发展与农业的兴起密切相关。农业丰则国势强，乡村兴则国家兴。

2.1 我国古代乡村治理的举措

在中国两千年封建历史长河中，“以农为本”政策归根结底是由自给自足的自然经济决定的。

2.1.1 我国古代土地制度的改革

早在夏的时候，土地制度是公有制，农业生产以集体为单位，统一进行劳作。商周时，实行“井田”制度，由奴隶和庶民耕种，推动农业发展。春秋时期，各国开始改变征税制度，齐国实行好地坏地分别征税；鲁国等则按亩收税；秦国实行商鞅变法，“为田开阡陌封疆”，鼓励农民进行耕种，废除井田制，以法律形式确立封建土地所有制。战国时期普遍推行郡县，改“井田”为“授田”，由国家授予，庶民只有使用权。这一时期出现私田，私田可以租赁。汉朝实行编户制度，编入政府户籍的百姓要承担税收徭役等。三国时期实行屯田制，土地属于国有，国家招募流亡的百姓耕种土地。隋唐时期实行均田制，国家通过人口来分配土地。宋朝实行青苗法和方田均税法等，农田水利法也运用了起来。明清开始盛行“一条鞭法”，多种税收合一，农民负担大大减少。明朝时期，实行“鱼鳞册”，将散化的农民通过组织联系起来，便于管理，效率也很高。清朝在此基础上加了“丁银”，后来演变为“摊丁入亩”，有利于社会的稳定。

封建土地所有制在中国古代封建社会延续两千年，封建地主依靠政治特权，大量兼并农民土地，农民受封建王朝统治者和地主的压迫剥削，生活贫困。

2.1.2　我国古代乡村治理形式的沿革

由于历朝历代统治者都非常重视乡村治理，传统中国最终形成了一整套适应封建时代发展的乡村治理体系。据记载，最早的基层官制萌芽于黄帝时代。

先秦时代，乡村治理工作一般由国家主导。商周时期，基层政权建立在井田制基础之上。西周实行国野分治的乡遂制，乡是王公贵族、手工业者和商人（国人）的生活区域；遂则是普通农民（野人）生产生活的耕地和居所，乡、遂下设置多级单位，由天子或诸侯分配官员管理。乡遂制下的社会组织具备监控舆情、军事操练和教化民众的职能。春秋战国时期社会动荡，乡遂制为适应时代需求出现了一些变化，一些诸侯国在辖区内设县，县下设置乡、里，作为国家的基层行政组织，任命官员管理。但这时的乡里制度还没有在全国范围内普及，并且带有浓厚的军事组织色彩。战国时期，人口国民化管理，奴隶和庶民纳入城郭集中居住。

秦帝国统一后推行郡县制，在县下设乡、亭、里等行政单位来加强对乡村的控制，乡中设置三老、有秩、啬夫、游徼四个官职，四职各有分工，三老负责民众教化，有秩掌管地方行政，啬夫听取诉讼、征纳赋税，游徼维护地方治安，缉捕盗贼。

汉代进一步丰富了里以下的结构，建立起什伍制度；乡原有的官职不变，但除有秩是郡里委任的官员以外，其余都是各乡推举，由县授权同意，经此变革后既没有行政权，也不再享受俸禄。负责乡村事务的主要管理者逐渐脱离官员体系，国家直接控制乡村的模式发生动摇，本地宗族、士绅获得了一些管理权。西汉通过户籍制度和打击流亡的措施，严格限制农业人口外流或从事其他非农经济活动。秦汉之后，乡官制作为基层组织的常设制度被确立下来。魏晋时期，是传统地方行政制度的废弛期，世家大族多围田建堡，直到北魏孝文帝时期才推行了新的“邻、里、族党”三级制度。

到隋唐时代，乡的权力逐渐弱化，里的职能得到完善，出现了皇权不下县的显著特点。隋文帝时期，在乡以下设置保、里、族等行政单位，负责所在辖区内的人口核查、征收赋税和徭役等工作。唐朝由里正负责乡村的具体工作，乡的功能进一步简化，管理者多由没有实权的员外担任。因兵制变革和控制地方的需要，唐代在农村实行便于互相监督的邻保制度。

到宋初里正、户长等完全脱离官员体制，更类似于官府的服役人员，其帮助官府征收赋税、维持社会稳定，日常事务则不受过多干预。王安石变法推行的募役制度和保甲制度，又将这些基层管理人员的职役属性强化。元朝在北方推行村、社制度，五十户结合在一起组成社，村比社更高一级。

明朝中后期，内忧外患愈演愈烈，政府在实行里甲制度的同时，建立保甲组织，力求稳定濒临混乱的社会秩序。清朝将明朝的乡里制度进一步完善，将保甲制度和里甲制度相结合，仍由保甲维护治安，里甲负责日常管理等工作。

中国历代统治者对乡村的统治延续了两千年，基层管理者几乎完全脱离国家官员队伍，只是接受官府的监督和领导，宗族领袖、士绅成为乡村治理工作的实际执行者，在国家的间接控制下实现乡村社会自治。历代乡村治理的政策保障了乡村中的税赋分派、征伐劳役、仲裁纠纷等活动的进行，有助于中央政府对农村社会控制的强化，这也是中国封建社会能够长期延续的重要因素。

2.1.3 我国古代促进农业生产的政策

历朝历代对农业生产的重视，同农业在国家经济中重要地位和作用有直接关系。

在原始农业阶段，以采集和渔猎活动为主，通过简单协作的集体劳动方式进行农业生产，实行撂荒耕作制。春秋战国时期由于铁犁牛耕的推广进入传统农业阶段，采用土地连种制，各国开始兴修水利，最著名的是秦国蜀郡太守李冰在岷江中游修筑的都江堰，使四川成都平原成为“天府之国”。重农成为当时政治家和思想家的共同主张，管仲、李悝、商鞅等都把促进农业发展当作改革的重要内容。商鞅变法核心思想是“农战”，奖励耕战，禁止弃农经商，变法为秦统一全国奠定了坚实的基础。春秋战国时期社会生产力显著提高，标志是铁制农具和牛耕的普遍使用。

秦朝实行土地私有制，按亩纳税。汉高祖实行休养生息政策，汉文帝、汉景帝减轻田租，三十税一，减轻农民的徭役、兵役和赋税负担，奖励努力耕作的农民，劝诫百官关心农桑，出现了“文景之治”。东汉光武帝减轻赋税，把田租从十税一恢复到西汉时期的三十税一。三国时期，蜀国实施轻徭薄赋，奖励农耕的政策，魏国重视保护农桑和兴修水利。南北朝时期，贾思勰总结北方人民长期生产经验，写出《齐民要术》这部我国历史上最早、最完整的农书。北魏孝文帝颁布均田令，保证农民得到一定的土地。

唐初实行均田制和租庸调制，保证农民得到一定土地和生产时间。唐太宗重视发展生产，减轻农民的赋税劳役，出现“贞观之治”。武则天继续推行唐太宗发展农业生产的措施。唐玄宗重视农业发展，唐朝进入全盛时期，史称“开元盛世”。唐朝时发明了耕地工具曲辕犁和灌溉工具筒车。北宋时期，为了提高粮食产量，从越南引进占城稻，水稻在宋朝跃居粮食产量首位，在江南地区推广，促进南北农作物交流。王安石变法推行农田水利法，鼓励垦荒和兴修水利。元世祖设置大司农司，颁布农桑辑要，指导农业生产。

明太祖采取鼓励垦荒、减免赋役、实行屯田、推广植棉等措施，从国外引进农作物推广种植。张居正推行“一条鞭法”，减轻了农民的负担。清初政府鼓励农耕，康熙实行“更名田”，雍正实行“摊丁入亩”和“地丁银”制度。

从经济构成看，古代农业经济以种植业为主、家庭饲养业为辅；从生产力发展看，借用牛耕和不断改良的生产工具、生产技术，使精耕细作的农业生产方式日益完善；从生产方式看，以家庭为单位，农业和家庭手工业相结合，自给自足的自然经济是基本模式，“男耕女织”的小农经济是主要特征。历代王朝大力推广推行奖励垦荒政策，在一定程度上提高了土地资源的利用率。农业始终是传统财政的主要来源，轻征农业赋税成为封建社会促进农业发展的一项重要的经济政策。

2.1.4 我国古代三次乡村振兴运动

我国古代第一次乡村振兴运动，由贾谊、晁错等文人政治家发起并推动。贾谊在《论积贮疏》中，举管子“仓廪实而知礼节”提醒汉文帝，百姓归于农业，积贮充足，百姓安居乐业，国家富足安定。这是当时振兴农村、安定农民、发展农业的良策。晁错在《论贵粟疏》提出农业发展、农村发展的根本，提高粮食价格，增加农民收入。

我国古代第二次乡村振兴运动，是宋代的“新农村建设”，宋代的乡村振兴运动使封建社会以来的乡村振兴和发展首次有了文化的灵魂和根基。《清明上河图》作为一个真实的历史文献，是宋朝乡村振兴的生动记录。宋朝农业生产工具技术层面有了长足的进步，出现了专门除草用的弯锄，碎土疏土用的铁耙，以及龙骨翻车等水利工具。农业发展，推动了经济重心南移。乡村基层制度改革，有效稳定流动人口，促进地区稳定发展。土地政策允许土地自由买卖，国家只收登记费用。私人地主土地所有制逐渐发展成为主要的土地占有制。北宋有《景德农四敕》等系统性的农业法案，南宋颁“佃户法”进行减租，后又颁布“公田法”等法令。

我国古代第三次乡村振兴运动，出现在明代，核心还是在于思想文化的进一步建构和完善。王阳明心学促进了“乡规民约”的重建，他所创的“南赣乡约”，在江西深有影响。作为中国乡村社会管理中重要的一环，乡绅阶层在乡村治理中发挥出越来越重要的作用；作为架构上层政治和底层民众之间的桥梁和纽带，其对清代乃至民国时期的乡村治理都产生了深远的影响。

2.2　我国近代对乡村振兴道路的探索

中国是农业大国，农业基础薄弱，农村生产力不发达，"三农"问题是中国社会的根本问题。

2.2.1　近代各阶层和派别对乡村振兴道路的探索

鸦片战争后，中国自给自足的自然经济逐步解体，加剧了中国农民的破产。辛亥革命后，资产阶级革命派主张三民主义，孙中山采用"平均地权"的办法解决土地问题，目的是消除贫富悬殊和阶级对立问题，但因为没有反映农民对土地的要求，没有废除封建土地所有制。

新民主主义革命时期，以梁漱溟、晏阳初、黄炎培、卢作孚等为代表的一批乡绅和知识分子，寻求救亡图存、民族复兴，提出乡村建设和发展的构想，产生了"邹平模式""定县模式""北碚模式""无锡模式"等。费孝通提出以自下而上的乡村工业化道路逐步复原中国乡土社会完整性，进而实现乡村现代化转型的主张。然而，这些改良式乡村建设的尝试，均未能实现从理论到实践的成功转换，最终归于失败。

2.2.2　近代中国共产党对乡村振兴道路的探索

1925年1月11日至22日，中国共产党第四次全国代表大会通过的《对于农民运动之议决案》明确指出，中国革命成功以及在民族运动中取得领导地位，都必须动员最广大的农民群众参与其中。由此，以毛泽东同志为主要代表的中国共产党人在艰苦的革命中探索出正确的革命道路。

土地革命时期，中国共产党在革命根据地开展土地革命，没收地主的土地分给农民，废除了封建土地制度，推翻了地主阶级的统治，广大农民在政治、经济上翻了身，积极参军支援革命。中国共产党把农业生产放在第一位，开展互助合作，兴修水利，开垦荒地，促进农业生产发展。

抗日战争时期，中国共产党在乡村实行地主减租减息、农民交租交息的土地政策，减轻了地主对农民的封建剥削，团结了地主中的开明分子共同抗日。中国共产党在陕甘宁地区开展大生产运动，南泥湾等地开荒成绩显著。

解放战争时期，党召开全国土地会议，决定在解放区进行土地改革，制定了《中国土地法大纲》，明确没收地主土地，废除封建剥削的土地制度，实行耕者有其田的土地制度，按人口平均分配土地。

以毛泽东同志为代表的中国共产党人，从争取民族独立和人民解放的革命目标的高度来认识乡村发展的重要性，认为“农民问题乃国民革命的中心问题”。毛泽东指出，只有开创农村包围城市的革命道路，建立农村革命根据地，才能夺取革命的胜利。农村成为中国共产党领导的革命武装的生存根基，农民成为新民主主义革命的主力军，并最终夺取了胜利。

2.3 新中国乡村振兴政策的发展

中国是农业大国，重农固本是得民之心、安民之基、治国之要，“三农”问题，始终是中国共产党的工作重心。

2.3.1 新中国社会主义乡村建设（1949—1977年）

新中国成立后，党的工作重心从“革命”转变到“建设”上，乡村建设的任务也由“革命”和“改造”转变到“建设”上来。

（1）开展农民土地所有制改革

1950年6月，《中华人民共和国土地改革法》颁布，土地改革开始在全国展开。到1952年底，土地改革基本完成。彻底废除了在中国延续两千多年的封建土地所有制，建立了小农所有制，实现了“耕者有其田”，农村生产力获得解放，农民生产积极性空前高涨，农业生产获得迅速恢复和发展，人民政权更加巩固，为国家的工业化建设准备了条件。

（2）合作化运动与人民公社体制的建立

中国共产党立足我国实际，引导农民“组织起来”，走合作化道路。1951年9月，中共中央制定了《中共中央关于农业生产互助合作的决议（草案）》。1953年起，国家对农业进行社会主义改造，从农业互助组、初级农业生产合作社到高级农业生产合作社，走向社会主义道路。1953年，大寨公社响应中央号召开始走上农业合作化道路，深刻启迪和影响着我国的乡村建设探索之路。1955年，全国掀起社会主义改造高潮，当年年底的农业合作社已达到190.5万个，合作层次迅速拔高，合作社规模越来越大。到1956年，我国基本完成了对农业的社会主义改造，个体农业经济转变为社会主义公有制经济，我国确立了社会主义基本制度。1957年，“一五”计划期间，农业生产任务按计划完成。

1958年8月，中央决定在全国建立人民公社。到1958年底，全国共建立人民公社26572个，99.1%的农民已经入社。人民公社在生产上实行集中领导，统一负责盈亏，以生产大队为经济核算单位，以生产小队为组织劳动的基本单位。

（3）社会主义乡村的社会建设

兴建农田水利设施，发展农业机械化。1951年2月，中央政府发布《关于1951年农林生产的决定》，制定了鼓励农民安心生产、发家致富的十项政策。1951年9月，中央开始通过互助组的形式，组织农户发展生产，兴修水利。1949—1978年，全国共修建了大中小型水库8.5万座，粮食产量由1949年的1132亿公斤增长到1978年的3047.5亿公斤，同时农业和农村承担起了为工业化、城镇化提供资本积累的任务。

完善教育和社会保障救助体系。1958年9月，中共中央、国务院《关于教育工作的指示》提出：全国应在三年到五年的时间内，基本完成扫除文盲、普及小学教育的任务。还在农村建立了以基本医疗保障政策、“五保”供养政策、救济救灾、优抚安置为核心的社会保障政策体系。

开展粮食购销机制改革。1953年，我国改革了传统的粮食购销机制，形成了统购与统销的体制，旨在缓和粮食供求矛盾；同时，通过控制农产品形成工农业产品价格剪刀差。借助政权的强制力量，通过实物征收的农业税，国家收一部分粮食，实行粮食计划统一收购，对超购的粮食价格实施加价。

2.3.2 改革开放后的乡村改革（1978—2000年）

党的十一届三中全会开启了改革开放的伟大征程，计划经济体制向市场经济体制转变，在总结过去经验和教训的基础上，推行家庭联产承包责任制，打破了“一大二公”“大锅饭”的旧体制，激发了农民生产积极性，解放了农村生产力。连续多年中央一号文件聚焦支持“三农”，乡村建设的重心由“建设”转变到“三农”的“发展”上，坚持“多予、少取、放活”的政策。

（1）确立家庭承包经营体制

1980年9月，中共中央印发《关于进一步加强和完善农业生产责任制》的通知，首次肯定了家庭联产承包责任制在边远山区和贫困落后地区的积极意义。1981年中央一号文件明确家庭联产责任制为社会主义性质的生产责任制，双包到户自此在全国迅速普及。到1983年底，全国农村实行包干到户的农户占总数的95%以上。1993年，以家庭联产承包为主的责任制和统分结合的双层经营体制作为农村的基本经济制度写入了宪法。

（2）加强农村市场经济体系建设

1985年，中共中央、国务院出台了《关于进一步活跃农村经济的十项政策》，结束了统购统销制度，农业税由向农民征收实物改为折征现金。党的十四大明确提出我国经济体制改革的目标是建立社会主义市场经济，农村市场体系建设也走上了制度化进程。国家有计划提高粮食收购价格，并实行保量放价政策。1998年5月，国务院出台了《关于进一步深化粮食流通体制改革的决定》，建立和完善政府调控下的市场形成粮食价格的机制，保护农户的生产利益。

（3）大力推动乡镇企业发展

乡镇企业在此时期也实现了迅猛发展。1987年，中共中央发出《把农村改革引向深入》。同年，乡镇企业中二、三产业产值合计增加到4854亿元，相当于农业总产值的104%，乡镇企业迎来了第一个“黄金时期”，成为当时我国经济中最为活跃的部分。在农业工业化的大潮中，苏南模式、温州模式和珠三角模式三种典型的乡镇企业模式脱颖而出，推动我国农村生产力发展。我国开始积极推动农业产业化经营和农村股份合作制经济组织的发展。1995年5月，中共中央、国务院出台《关于加速科学技术进步的决定》，提出了实施科教兴国的战略思想，推动我国农业从传统形态向现代模式转变。

（4）积极推进开发式扶贫措施

党和国家对农村贫困问题非常重视。党和国家自1986年起采取了一系列开发式扶贫措施，包括成立专门扶贫工作机构，安排专项资金，制定优惠政策等。到1993年底，农村贫困人口由1.25亿人减少到8000万人。1994年4月15日，国务院印发了《国家八七扶贫攻坚计划》，这是新中国第一个有明确目标、对象、措施和期限的扶贫开发行动纲领。1996年10月23日，中共中央、国务院推出《关于尽快解决农村贫困人口温饱问题的决定》，部署了东西部省份结对帮扶的工作安排。1999年6月，党中央、国务院出台《关于进一步加强扶贫开发工作的快定》，确保在2000年末基本解决农村贫困人口温饱问题，实现我国“八七”扶贫攻坚目标。

这一时期逐步完善了我国对农业农村发展的政策体系，为后续乡村振兴战略的提出奠定了基础。

2.3.3 21世纪以来的新农村建设（2001—2016年）

21世纪初，我国的农业农村事业有了长足发展，农业支持工业的状况得到根本扭转。

2002年，党的十六大报告首次提出“统筹城乡经济社会发展”，旨在强调农业的基础性地位。

2005年，党的十六届五中全会统领新世纪国家发展全局，提出建设社会主义新农村的重大历史任务，提出了“生产发展、生活宽裕、乡风文明、村容整洁、管理民主”的具体要求。

2007年，党的十七大报告指出：统筹城乡发展，推进社会主义新农村建设。建立以工促农、以城带乡的长效机制，形成城乡经济社会发展一体化新格局。

2012年，党的十八大报告提出，加快完善城乡发展一体化体制机制，促进城乡要素的平等交换和公共资源均衡配置，形成以工促农、以城带乡、工农互惠、城乡一体的新型工农、城乡关系。

（1）农村土地制度的改革与发展

2013年12月，习近平总书记在中央农村工作会议上正式提出农村承包土地所有权、承包权、经营权“三权分置”，落实集体所有制，稳定农户承包权，放活土地经营权，明晰土地产权关系，促进土地资源合理利用，构建新型农业经营体系，从而推动现代农业发展。

2015年，国家开始就“三块地”进行改革试点，主要是农村土地征收、集体经营性建设用地入市和宅基地制度方面的改革，维护农民在土地征收过程中的权利，实行集体经营性建设用地改革，推进宅基地制度改革。

2016年，中央就稳步推进农村集体产权制度改革出台了政策，全面加强农村集体资产管理，由点及面开展集体经营性资产产权制度改革，因地制宜探索农村集体经济有效实现形式。

（2）新型城镇化发展机制的建立与完善

伴随着工业化进程加速，我国城镇化发展迅猛，但农业转移人口户籍问题，享受城镇居民基本公共服务受限，城乡二元新的矛盾出现。2013年，中央专门召开城镇化工作会议，明确指出走新型城镇化道路。2014年，中共中央、国务院印发《国家新型城镇化规划（2014—2020年）》。中央先后出台系列政策，有序推进农业转移人口市民化，推进户籍制度改革，建立居住证制度，放开大中小城市小城镇落户限制。坚持工业反哺农业、城市支持农村，加大统筹城乡发展力度，促进城镇化发展。

（3）推动社会主义新农村建设

党的十六届五中全会，将建设社会主义新农村作为推动实际工作的重要内容提出。2006年，中央一号文件《中共中央 国务院关于推进社会主义新农村建设的若干意见》，对这一重大历史任务进行了全面而具体的部署，要加快建立以工促农、以城带乡的长效机制。

社会主义新农村建设取得重大发展。一是公共财政实现农村覆盖，2004年，从“三补贴”开始，公共财政实现农村覆盖。2003年至2016年，中央财政的“三农”支出从1754.45亿元增加到17539亿元。二是不断改善农村生产生活条件，全国绝大多数村庄实现通公路、通电话、通宽带，生活垃圾、污水等得到有效治理，村容村貌干净整洁。2016年底，已有47.7%的农户饮用经过净化处理的自来水。农村改厕取得实效。三是加强农村基本公共服务建设，2001年，国家开始给予农村义务教育阶段贫困家庭学生“免学杂费、免书本费、逐步补助寄宿生生活费”优惠政策，政策逐步扩大到全部农村学生。2003年，国家开始开展新型农村合作医疗制度试点，2015年底，农民参合率达到98.8%。2005年，国务院出台关于深化农村义务教育经费保障机制改革的文件，此后又相继建立了农村最低生活保障制度、社会基本养老保险制度等。

（4）加快建设现代化农业进程

粮食安全问题和农民收入问题始终是党和政府高度重视的乡村工作的核心问题。

提高农业综合生产能力。2004年,《中华人民共和国农业机械化促进法》颁布实施，国家开始对农民购置和更新大型农机进行补贴。到2015年，中国农机总动力达到11亿千瓦，农业主要生产环节机械化水平达到63%。中国从“十一五”时期开始加大“高标准农田建设”工程的力度，到2015年，已累计建成4亿多亩的高标准农田。

扩大农业经营规模。稳妥推进土地流转、扩大土地经营规模，加快发展农业社会化服务力量。党的十七届三中全会首次提出了建立“新型农业社会化服务体系”，要求统一经营要向发展农户联合与合作，形成多元化、多层次、多形式经营服务体系的方向转变，这是对农村基本经营制度的重大理论创新。

强化科技教育支撑。2012年，中央一号文件提出要加强农业科技创新，把农村以前的植保站、土肥站、种子站和农业科技推广站合并为农业科技推广和服务中心。到2015年，全国共有农技推广机构7.9万个，农业科技贡献率从2003年的46.55%提高到2018年的58.3%。

强农、惠农和富农政策实施。一是推进农村税费和补贴制度改革，1998年开始的农村税费改革，到2006年宣布取消农业税，与1999年相比，农民每年减负超过1335亿元。2004年，中央一号文件提出建立农民种粮直接补贴、农机购置补贴和扩大良种的补贴范围。2006年，又实行农资综合补贴。2015年，国家将粮食直补、良种补贴和农资综合补贴合并为农业支持保护补贴。2015年，补贴金额1678.9亿元。二是鼓励农民大力发展非农产业，2004年中央一号文件指出法律未规定禁入的领域，农村个体工商户都可以进入，非农产业行业迅速发展，新产业新业态不断涌现。三是加快农民转移就业，2006年，国务院发布《关于解决农民工问题的若干意见》，对农民工的就业环境进行改善，实行统一城乡户口登记制度。

2.3.4　乡村振兴战略的出台及全面发展（2017年至今）

党的十八大以来，以习近平同志为核心的党中央高度重视“三农”

工作，对新时代落实好“三农”工作提出了很多既高屋建瓴又承接地气的新思想、新理念、新论断。习近平总书记将乡村振兴提升到民族复兴的高度，指出“乡村振兴是实现中华民族伟大复兴的一项重大任务”，坚持农业农村优先发展，走中国特色社会主义乡村振兴道路。乡村振兴意味着乡村产业发展、组织建设、人才培养、生态文明的全面振兴，是乡村建设由“发展”进入现代化“转型”的新阶段。

党的十九大报告中提出实施乡村振兴战略。习近平总书记在党的十九大报告中提出，农业农村农民问题是关系国计民生的根本性问题，必须始终把解决好“三农”问题作为全党工作的重中之重。针对这个问题的具体政策与战略安排就是实施乡村振兴战略。

（1）乡村振兴战略的出台

党的十八大的胜利召开，标志着中国特色社会主义进入新时代，我国社会主要矛盾转化为人民日益增长的美好生活需要和不平衡不充分的发展之间的矛盾，乡村发展的主要任务转变为实现城乡融合、破解发展不平衡不充分的矛盾。新时代的乡村建设必须在物质基础、设施条件、政治保证、精神文明、目标实现等层面提质升级，从“社会主义新农村建设”过渡到“乡村振兴战略”。

2017年10月18日，在党的十九大报告中，习近平同志提出乡村振兴战略。报告指出，农业农村农民问题是关系国计民生的根本性问题，必须始终把解决好“三农”问题作为全党工作的重中之重。实施乡村振兴战略，是对前一阶段社会主义新农村建设中的总结和新的推进。坚持农业农村优先发展，按照产业兴旺、生态宜居、乡风文明、治理有效、生活富裕的总要求，建立健全城乡融合发展体制机制和政策体系，加快推进乡村治理体系和治理能力现代化，加快推进农业农村现代化。这是从时间、空间和思想维度上综合推进乡村发展的新思路，实现了由城乡统筹发展向城乡融合发展的战略转变。

（2）乡村振兴战略的法治建设

2021年4月29日，十三届全国人大常委会第二十八次会议表决通过

《中华人民共和国乡村振兴促进法》(以下简称《乡村振兴促进法》)，从此，我国促进乡村振兴有法可依。该法自2021年6月1日起施行。《乡村振兴促进法》规定，每年农历秋分日为中国农民丰收节；建立乡村振兴考核评价制度、工作年度报告制度和监督检查制度；实行永久基本农田保护制度；建立健全有利于农民收入稳定增长的机制；健全乡村人才工作体制机制；健全重要生态系统保护制度和生态保护补偿机制；建立健全农村住房建设质量安全管理制度；分类有序推进村庄建设，严格规范村庄撤并，严禁违背农民意愿、违反法定程序撤并村庄。

（3）乡村振兴战略的组织机构建设

2021年2月25日，国务院直属机构国家乡村振兴局正式挂牌，接替原国务院扶贫开发领导小组办公室引领我国乡村建设的工作。国家乡村振兴局的设立既是我国脱贫攻坚战取得全面胜利的一个标志，也是全面实施乡村振兴，奔向新生活、新奋斗的起点。脱贫攻坚成果巩固拓展、防止返贫是当前国家乡村振兴局的重要工作。

（4）乡村振兴的财政支撑政策

2021年，财政部、国家乡村振兴局、国家发展改革委、国家民委、农业农村部、国家林业和草原局联合印发《中央财政衔接推进乡村振兴补助资金管理办法》(以下简称《衔接资金管理办法》)，对中央财政衔接推进乡村振兴补助资金作出全面规定。为支持巩固拓展脱贫攻坚成果同乡村振兴有效衔接，原中央财政专项扶贫资金调整优化为衔接资金。中央财政2021年预算安排衔接资金1561亿元，比上年增加100亿元 。根据《衔接资金管理办法》，在资金用途上，重点支持培育和壮大欠发达地区特色优势产业并逐年提高资金占比，支持健全防止返贫致贫监测和帮扶机制、“十三五”易地扶贫搬迁后续扶持、脱贫劳动力就业增收，以及补齐必要的农村人居环境整治和小型公益性基础设施建设短板等。

我国一直把“三农”问题作为全党工作的重中之重。关于城乡优先发展顺序问题，宏观上讲有3次重大调整——党的十二大提出“共同富裕”、党的十六大提出“统筹城乡发展”和党的十九大提出“坚持农业农村优先发展”的乡村振兴战略，凸显了党和国家补齐农业农村短板的决心。从微观上讲，有4处变化提升。与党的十六届五中全会提出的“社会主义新农村建设”对比，乡村振兴是升华版。从总要求的角度来看，用“产业兴旺”替代“生产发展”，用“生态宜居”替代“村容整洁”，用“治理有效”替代“管理民主”，用“生活富裕”替代“生活宽裕”，而“乡风文明”4个字没有变化，但其内容和要求都有了进一步的拓展和提升。乡村振兴的总要求内容更为充实，要求更高更严，逻辑递进关系更清晰。

乡村振兴战略是建党百年来对乡村发展理论的历史传承和创新成果，是习近平新时代中国特色社会主义思想的重要组成部分，是实现中华民族伟大复兴的重要实践。乡村振兴是包括政治、经济、生态、文化、社会与党的建设的全面振兴。中国共产党要充分认识实现巩固拓展脱贫攻坚成果同乡村振兴有效衔接的重要性、紧迫性，统筹安排、强力助推乡村振兴战略的全面实施与发展，实现中华民族伟大复兴的中国梦。

第3章

Chapter 3

乡村振兴战略的战略布局

3.1 定好盘子——洞察国家乡村战略目标

3.1.1 乡村振兴的战略考量

新中国成立后，我国城乡面貌发生了翻天覆地的变化，特别是改革开放后的城乡关系更是日新月异，但城乡二元对立依然是目前国内亟须解决的最大结构性问题。根据第三次全国农业普查主要数据公报①显示，直到2016年，我国仍有近半数农村家庭在使用旱厕，2%的农村家庭甚至没有厕所。与此同时，半数以上的农村户不能使用经过净化处理的自来水，八成以上的农村生活污水无法得到集中处理。农业农村的滞后发展仍是国内发展不平衡不充分的突出表现，严重阻碍全面建设现代化目标的实现。可以说，实现乡村振兴是解决发展不平衡不充分问题的需要。

党的十九大以来，满足人民日益增长的美好生活需要的现实要求被提上日程，对我国农业和农村提出了新的要求。农村居民期待农业的发展和农村经济的繁荣，在稳定就业和收入基础上享有更完备的基础设施和公共服务；城市居民②则期待更充足安全的农副产品，更怡然自得的生态环境和安放乡愁的精神寄托，尽管城镇居民和农村居民对于美好农业和农村的需求各有侧重，但实现乡村振兴无疑是广大人民群众的共同需求。

农稳安天下。放眼世界，对于乡村振兴的需求不仅是处于发展中国家的我们所面临的选择，也是对其他国家经验借鉴后的必然路径。以日、韩为代表，与我们情况较为类似的亚洲国家也均在城镇化发展到一定水平后，通过融合一二三产业以实现农村振兴；农业基础较好的部分欧洲发达国家

① 来源：国家统计局《第三次全国农业普查主要数据公报》，发布时间：2017 年 12 月 16 日，http：//www.stats.gov.cn/tjsj/tjgb/nypcgb/.

② 朱启臻 .《科学认识乡村价值》《人民日报》，2018 年 01 月 02 日 20 版 .

也选择通过综合性的乡村发展政策解决原先单一农业政策导致的人口流失、环境恶化等问题；而囿于治理能力难以解决乡村问题的部分拉美、南亚国家则因此落入“中等收入陷阱”。可以说，“三农”问题的解决情况关系着国家整体发展水平，乡村振兴战略是我国现代化进程的必然阶段。

民族要复兴，乡村必振兴。乡村振兴战略是关系全面建设社会主义现代化国家的全局性、历史性任务，实现乡村振兴的根本出发点就是使农业农村发展现代化适应国家现代化的步伐。习近平总书记曾多次指出，没有农业农村现代化，就没有整个国家现代化，乡村振兴战略是新时代“三农”工作的总抓手，也必将会为我国农业农村发展注入强大活力。

3.1.2　乡村振兴的战略布局

实现农业农村现代化是中国乡村振兴战略的总目标。这一目标的实现将分为三个阶段：到2020年，制度框架和政策体系基本形成；到2035年，农业农村现代化基本实现；到2050年，农业强、农村美、农民富全面实现。具体的建设目标和任务集中体现为党的十九大报告中关于实施乡村振兴战略的“二十字”方针，也就是要“按照产业兴旺、生态宜居、乡风文明、治理有效、生活富裕的总要求，建立健全城乡融合发展体制机制和政策体系，加快推进农业农村现代化”，与党的十六届五中全会时提出的“二十字”相比，内容更加深刻，是更适应国内环境的升级版目标，如图3–1所示。

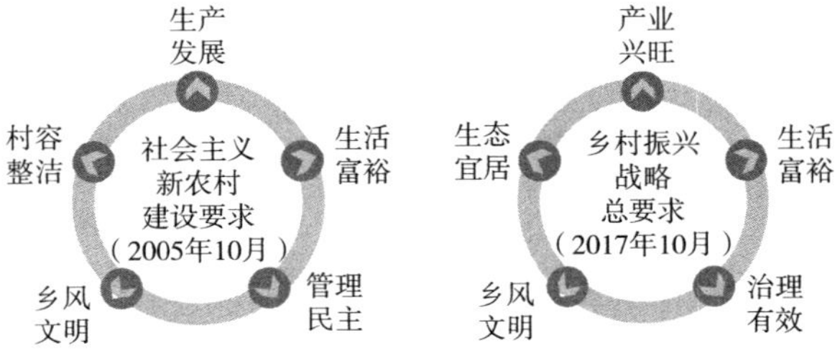

图3–1　乡村振兴战略的“二十字”方针

（1）“产业兴旺”是乡村振兴战略的经济布局

产业兴旺是乡村振兴的中心任务。2005年提出的社会主义新农村建设要求中，实现农村产业发展是推动农业农村发展的核心，也是农村实现可持续发展的内在要求，追究其本质而言，当时农业面临的主要问题是供给不足，对于生产发展的强调主要是基于解决农民的温饱需求。随着农业综合生产力的逐步提升，我国农业的主要矛盾由总量不足转变为结构性矛盾，从生产发展到产业兴旺，标志着新时代下农村生产力的拓展需求，农业的主要目标已经升级为现代化的产业发展。我国在提出乡村振兴战略的同时，就明确强调一二三产业融合[①]，走向绿色生产方式，把立体循环农业作为农业现代化的主要方向，在“接二连三”的过程中，着眼于完善产业、生产和经营的现代农业三大体系。在产业发展的过程中突出绿色化、优质化、特色化和品牌化[②]，增加产品附加值。与此同时，结合现代农业特点完善利益链，延长产业链，提升价值链，特别是通过让农民得到财产性收入，分享产业的县域化的收入，最终迈向共同富裕。

（2）“生态宜居”是乡村振兴战略的环境布局

生态宜居的核心是绿色发展。生态环境的优劣不仅关乎着乡村环境风貌的“面子”，更反映了乡村生活质量的“里子”。2005年前后我国农业仍处于增产导向阶段，对于农业资源环境的问题无暇顾及，对于生态环境仅提出了单一生产场域内“村容整洁”的基本要求。随着农村物质条件的逐渐完善，农民对于优美人居环境的渴望也逐渐加深，与此同时，前期缺乏规划的农业发展所致的环境超载和资源透支问题也逐渐显现，通过乡村对于“生产、生活、生态”三位一体的内生性低碳方式的不断探索，“生态宜居”目标应运而生。从“村容整洁”到“生态宜居”，是农村生态环境发展理念的改进和升华，也是守住乡村劳动力，实现农村经济可持续发展的基本前提，为了让农村真正成为引得进人才，留得住人才的美好家园，打造

---

① 新京报：《温铁军：农民现代化是三农现代化的基础》，2022年02月23日.

② 中国农业农村部等：《农发〔2019〕1号：国家质量兴农战略规划（2018—2022年）》，2019年2月11日.

生态宜居的美丽乡村已经成为了乡村建设工作中的基础性工程。

（3）“乡风文明”是乡村振兴战略的文化布局

“乡风文明”是乡村德治的本质体现，更是促进乡村振兴的重要保障和强大推力。尽管字面表述相同，但新时代乡村振兴战略要求下的“乡风文明”目标内涵更加深远，不仅要持续挖掘传统文化在乡村发展的深厚底蕴，也要倡导现代农村的文明理念和生活方式，注重在中国特色乡风、家风和民风的建设，坚持农村物质文明和精神文明建设的两手发展。既要传承保护发展乡村优秀的农耕文明，也要培育引导农民树立现代价值观念和法治意识，提升农民精神面貌，提高乡村社会文明程度。乡土社会作为中华民族优秀传统文化的主阵地，“乡风文明”建设作为乡村振兴战略在文化层面的基础布局，不仅有利于提升乡村生活质量，改善营商环境，更有利于乡村社会文明程度进一步提高，成为乡村社会文明进化的最终呈现方式。

（4）“治理有效”是乡村振兴战略的社会布局

乡村治理是国家治理的基石。在社会基础布局方面，“治理有效”作为固本之策为乡村振兴战略提供了组织保障和秩序支持，稳定可靠的乡村社会环境是产业兴旺的基础，更是生态宜居的前提。由“管理”到“治理”，在内涵上，不再局限于干群关系之间的主导与服从，而注重多方面多元化的协同参与，特别是农民群众的主动参与，在方式上，由追求民主化管理升级为提升治理水平和效率，力图在法治、德治和自治间找到平衡，完善治理结构。

（5）“生活富裕”是乡村振兴战略的民生布局

“生活富裕”是乡村振兴战略是否“以人为本”的评价标准，更是对人民群众美好生活需要的直接回应，“生活富裕”的目标是显著缩小城乡生活水平和基本公共服务水平。2005年前后，我国农村整体居民生活水平刚刚迈入小康，全国农村居民消费恩格尔系数高达46%以上，三成以上的农村人口被认定为贫困人口[①]。到2016年，全国农村居民消费恩格尔系

① 国家统计局：《统计局副局长：改革开放后农村贫困人口减少7亿》，http://www.stats.gov.cn/，2015年10月16日.

数已降到32.2%[①]，全国农村贫困人口仅占农村人口的4.5%，可以说，社会主义新农村建设中的“生活富裕”已经有了长足进步。尽管如此，提升生活质量和水平仍是农村居民持续关注的现实问题。从解决温饱问题过渡到提升农村居民的幸福感和获得感，是持续促进农村增收和消费升级的必然要求。

3.2 理清路子——理清乡村振兴战略脉络

民族要复兴，乡村必振兴。乡村振兴战略是党中央在深刻认识现代化建设规律，尤其是城乡发展规律，深刻把握我国的城乡关系变化特征、变化趋势的基础之上，着眼于实现“两个一百年”的目标导向和补齐农业农村短板的问题导向，对“三农”工作作出的重大战略部署，是马克思主义城乡发展理论与中国特色社会主义具体实践相结合的新发展、新境界。这一战略跳出将“三农”视为基础提供方、要素贡献方、政策配合方、禀赋弱质方的思维惯性，坚持农业农村优先发展，变“配角”为“主角”，变“外因推动”为“内因支撑”，激发乡村发展的内生动力和潜力，让农业成为有奔头的产业、让农民成为有吸引力的职业、让农村成为安居乐业的美丽家园，在城乡二元结构这个全球性课题上贡献出中国智慧和中国方案。

3.2.1 乡村振兴的战略逻辑

（1）理论逻辑：工业化城镇化发展与城乡关系演变规律

从世界经济发展的普遍规律而言，随着人均可支配收入的不断提升，国家的工业化城镇化水平也会随之上升，在这一过程的初始阶段，由于传

① 国家统计局：《统计局：中国居民恩格尔系数为30.1%接近富足标准》，http：//www.stats.gov.cn/，2017年10月10日.

统社会的转型需要依托大量工业以积累成本，传统农业社会因此加速衰落。但随着城市辐射能力的增强和国家财政实力的增强，农业经营逐渐向集约化转型，农业社会也会向现代社会转型。在经历工业化城镇化的优先发展后会迎来工业对农业的反哺，以达到最终工农融合发展的路径。

新中国成立以来至改革开放后一段时间里，我国依靠农业“剪刀差”为工业化提供积累，依靠农村支援城市推进城镇化，新世纪以来，尽管加大了扶持力度，但农村农业基本处于被动接受城镇化工业化统筹的位置上，难以发挥主观能动性。党的十八大以后，我国城镇居民超过农村人口，农村人口外流趋势逐渐放缓，“新回乡”现象有所增加。因此，党的十九大提出的实施乡村振兴战略，深刻认识到了城乡关系变化特征和现代化建设规律，是建设现代化的必然要求。

（2）现实逻辑：不平衡不充分的农村发展与全面实现国家现代化的战略目标

党的十八大以来，我国改革开放和社会主义现代化建设取得了历史性成就，但城乡发展不平衡，“三农”发展不充分仍是我们全面建设小康社会所面临最大限制和突出短板。放眼世界而言，已经实现现代化发展的国家均是在消除城乡二元结构和城乡发展差距后实现了城乡一体化和融合发展。从我国的发展实际来看，农业农村的滞后发展仍是国内发展不平衡不充分的突出表现，严重阻碍全面建设现代化目标的实现。可以说，实现乡村振兴是解决发展不平衡不充分问题的需要。

3.2.2　乡村振兴的战略脉络

（1）谋篇布局阶段

2005年10月，党的十六届五中全会上提出了建设社会主义新农村的“二十字”方针，使我国初步迈入以工促农、以城带乡门槛；2006年2月，中央一号文件《中共中央 国务院关于推进社会主义新农村建设的若干意见》发布，为加快农村全面小康和现代化建设指明具体规划和路径；2007

年10月，党的十七大进一步将农村建设纳入国家建设的全局之中；2008年到2012年，中央每年的一号文件从不同方面强调落实社会主义新农村建设；2013年的中央一号文件，则第一次提出了“美丽乡村”的奋斗目标；续程2014年到2017年的中央一号文件，2017年10月，党的十九大首次提出乡村振兴战略，并写入党章；2017年12月，中央农村工作会议首次提出要走中国特色社会主义乡村振兴道路；2018年1月，《中共中央 国务院关于实施乡村振兴战略的意见》中提出乡村振兴战略分“三步走”，即到2020年，乡村振兴取得重要进展，制度框架和政策体系基本形成；到2035年，乡村振兴取得决定性进展，农业农村现代化基本实现；到2050年，乡村全面振兴，农业强、农村美、农民富全面实现。

（2）精准施策阶段

2018年9月，中共中央、国务院印发《乡村振兴战略规划（2018—2022年）》，部署了战略实施第一阶段重点工作；2018年12月，《中国共产党农村基层组织工作条例》对新时代党的农村基层组织工作作出全面规范；2019年1月，《中共中央 国务院关于坚持农业农村优先发展做好“三农”工作的若干意见》为决胜全面建成小康社会提供指导；为深化农业供给侧结构性改革，走质量兴农之路，2019年2月，七部门联合印发《国家质量兴农战略规划（2018—2022年）》；2020年1月，《中共中央 国务院关于抓好“三农”领域重点工作确保如期实现全面小康的意见》对如何完成“三农”领域必须完成的硬任务作了相关的部署，推动各项任务如期完成。

（3）全面推进阶段

2020年12月，《中共中央 国务院关于实现巩固拓展脱贫攻坚成果同乡村振兴有效衔接的意见》指出：“2020年，我国现行标准下农村贫困人口全部实现脱贫、贫困县全部摘帽、区域性整体贫困得到解决。脱贫攻坚取得全面胜利，提前10年实现《联合国2030年可持续发展议程》减贫目标。”自此，中国“三农”工作重心发生历史性转移，由脱贫攻坚阶段进入全面推进乡村振兴加快实现农业农村现代化阶段；2021年1月，《中共中央 国务院关于全面推进乡村振兴加快农业农村现代化的意见》提出：“全面建设社会主义现代化国家，实现中华民族伟大复兴，最艰巨最繁重的任务依然在农村，最广泛最深厚的基础依然在农村。”对新发展阶段优先发展农业农村、全面推进乡村振兴作出总体部署，为做好当前和今后一个时期“三农”工作指明了方向；2021年4月，第十三届全国人民代表大会常务委员会第二十八次会议通过《中华人民共和国乡村振兴促进法》，为乡村振兴治理结构提供了法治保障；2022年1月，《中共中央 国务院关于做好2022年全面推进乡村振兴重点工作的实施意见》为稳住农业基本盘、做好“三农”工作明确了两条底线任务、三个重点工作；2022年2月，《中共中央 国务院关于做好2022年全面推进乡村振兴重点工作的意见》作为一号文件，提出：从容应对百年变局和世纪疫情，推动经济社会平稳健康发展，必须着眼国家重大战略需要，稳住农业基本盘、做好“三农”工作，接续全面推进乡村振兴，确保农业稳产增产、农民稳步增收、农村稳定安宁。

3.3　开准方子——把握乡村振兴重点工作

3.3.1　明确两条底线

（1）守好粮食安全底线，推进食物安全、保障食物主权

食为政首，粮安天下，粮食安全始终是国家安全的重要基础，抓好粮食生产和重要农产品供给始终是“三农”工作的头等大事。尽管经过多年努力我国粮食产量已保持在连续七年1.3万亿斤以上，截至2021年底，中国粮食产量实现“十八连丰”。但在新冠疫情、去全球化、地区冲突的三重冲击下，新一轮的全球性食物危机已然到来，我们必须认识到，我国的粮食供求一直处于紧平衡状态，面对纷繁复杂的国内外形势，虽然我国粮食生产连年丰收，仍然需要对粮食安全始终保持危机意识，做好长期性、战略性预备。

此外，随着国内消费结构的不断升级，单一的粮食充足供给已不能满足人民需要，从“吃饱”到“吃好”、从米油面到肉蛋奶，多样的饮食也强调了人民群众对粮食数量安全、质量安全和权利安全的需要，保障食物主权也应纳入国家现代化治理的新视角。

（2）守住不发生规模性返贫底线，推动脱贫攻坚成果与乡村振兴有效衔接

建党百年之际我们打赢了脱贫攻坚战，而防止返贫更是一场持久战，乡村振兴以脱贫成果为基石，精准脱贫攻坚和乡村振兴战略都是为实现“两个一百年”奋斗目标确定的国家战略。前者立足于全面建成小康社会的第一个百年奋斗目标，后者着眼于到本世纪中叶把我国建成社会主义现代化强国的第二个百年奋斗目标。

要不断增强贫困地区和贫困人口的自我发展能力，总体而言要做到在提供制度保障的基础上，提升贫困地区的脱贫意愿和能力。具体而言，一是要帮助已经成功脱贫的群众提升思想观念，提高脱贫信心；二是助力脱贫边缘的群众提升技术能力，提高脱贫水平；三是通过制度安排，发挥制度效能优势，为群众防止返贫提供制度保障。

3.3.2 关注三项要素

长期以来，农村单向度输血城市发展的局面始终难以解决，乡村振兴作为系统性的全面工程，重塑城乡关系，建立健全城乡融合发展的机制，关键是要强化人、地、钱要素供给①。

（1）关注农村人口过度流失，转移富余劳动力

习近平总书记曾强调，推动乡村全面振兴，关键靠人。一方面，整体而言，我国仍处于农村人口向城镇集中的阶段，农村富余劳动力的转移需求仍然迫切。另一方面，农村人口外流趋势逐渐放缓，“新回乡”“燕归巢”

① 央广网：《乡村振兴，顺应亿万农民新期待——中农办主任韩俊解读中央农村工作会议精神》，https：//baijiahao.baidu.com/s?id=1589518204957915321&wfr=spider&for=pc，2018 年 1 月 14 日 .

现象有所增加。解决“人”的问题，需要一整套完备的制度安排以平衡农村人口过度流失和农村富余劳动力转移的关系，要处理好“走出去”“留下来”和“引回来”的关系。要让农村的产业、环境留住人，让农村的机会吸引人，让农村更聚人气。

（2）盘活农村闲置土地资源，优化城乡建设布局

深化农村土地制度改革是农业现代化建设的迫切需要，也是发展农村新业态发展的必然需求。一方面，要以农业现代化为目标完善农村土地的“三权分置”，实现“经营权”的可流转，健全农村用地保障机制，探索有效盘活农村闲置农房和宅基地的方法，提升农村土地利用效率。另一方面，要优化城乡建设布局，对现有农业设施用地的管理要因地制宜，对未来土地规划要具有前瞻性，提前预留必要的农业设施和建设用地。

（3）开拓农村融资渠道，健全财政投入保障

振兴乡村需要资金基础。一方面，要开拓投融资渠道，在优化财政支农投入的基础上以更大力度将公共财政向“三农”倾斜；另一方面，也要加强农村金融服务方式的创新，提升金融服务乡村振兴能力和水平，健全适合农业农村特点的农村金融体系，建立健全实施乡村振兴战略财政投入保障制度。此外，要完善耕地占补平衡管理办法，让土地增值收益用于脱贫攻坚和乡村振兴。

3.4　结语

民族要复兴，乡村必振兴。乡村振兴战略是关系全面建设社会主义现代化国家的全局性、历史性任务，解决好“三农”问题是关乎民生的根本性问题，是全党工作的重中之重，也是中国特色社会主义的本质要求。只有依托乡村振兴战略，促进农业农村的全面繁荣，才能最终实现城乡共同繁荣和农业农村现代化；只有洞察国家战略目标、厘清乡村振兴脉络、抓住乡村振兴重点工作，才能把握乡村振兴战略布局。

同时，乡村振兴战略又是一项系统性工程，乡村发展面临重要契机，我们也要看到，我国的农业农村发展仍存在许多问题，粗放型的发展方式尚未得到根本性改善，阶段性的供求问题依然存在，农村的基础设施欠账还有很多，公共服务水平有待提升，这些均是我们需要进一步研究和解决的问题，乡村振兴仍前路漫漫。

第4章

Chapter 4

乡村振兴的现实意义

4.1 乡村振兴：从4亿人吃不饱到14亿人吃得好

4.1.1 仓廪实，天下安

粮食安全问题始终是世界任何一个国家中最基础、最重要的一环。习近平总书记在2022年3月6日全国政协十三届五次会议上指出：粮食安全是“国之大者”。悠悠万事，吃饭为大。民以食为天。经过艰苦努力，我国以占世界9%的耕地、6%的淡水资源，养育了世界近1/5的人口，从当年4亿人吃不饱到今天14亿多人吃得好，有力回答了“谁来养活中国”的问题。

习近平总书记指出，民族要复兴，乡村必振兴。自2019年以来，政府把乡村振兴示范区创建作为全面推进乡村振兴，加快农业农村现代化的重要抓手，统筹规划、连片打造、三区同建、四村联创，布局创建50个省级乡村振兴示范区，我们探索形成了全域国土整治、组团发展、特色产业主导、村企共建、田园综合体等一批有效模式，示范引领了乡村振兴战略实施。

4.1.2 粮食战争的背景与危害

美国作为世界第一粮食出口大国，从未掩饰过自身通过“粮食战争”达到自己国际政治目的的野心。美国在20世纪60年代就完成了农业机械化生产，仅用不到300万的农业人口，就耕种了23亿亩耕地。他们通过赶走原住民的方式，建立了大农场。农业生产成本很低，不仅能满足国内自身的需要，还可以大量出口。然而，美国的这种出口并不是单纯的贸易出口，而是通过粮食倾销、贸易战、经济制裁这样的三板斧，通过粮食问题去控制那些农业基础薄弱、生产方式落后或者是人口基数庞大的国家，而达到自己的政治与经济目的。

比较典型的几个案例：作为二战战败国的日本，投降时在本身已经执行粮食配给制度的情况下，东京可供百姓的粮食仅够4天，而战后美国通过粮食出口，从日本换取了大量的廉价工业品用于自身的发展。朝鲜战争水门桥战斗中，帮助美陆战一师避免被围歼命运的钢架桥，正是日本三菱重工制造，而日本二战后工业快速恢复，以及作为后来朝鲜战争中美国最重要的后方基地，海外采购物资70%都来自日本，这一切的前提都是美国并未对日本实行经济封锁，日本在粮食问题上没有出现危机的情况下。然而作为冷战对手的苏联就没有日本这么好的命了，1972年，苏联因为气候问题粮食大幅减产，但1972年这次粮食危机却通过大量进口美国粮食得到缓解并在之后的5年里多次效仿。然而进口粮食只是治标不治本，随着1980年苏联入侵阿富汗，美国宣布对苏联进行粮食禁运，虽然中间过程曲折，但苏联的的确确花费了数百吨的黄金和外汇，用在了粮食进口上，但最终因为没钱支付，整个国家被几块面包拖垮。

4.1.3　中国的粮食安全

中国的粮食安全从来不是独善其身。保证18亿亩耕地红线，就是将14亿人的饭碗稳稳端在自己手中。我们与国际四大粮商美国的ADM、邦吉、嘉吉和法国的路易达孚以及背后的华尔街资本经历过多次交手，我们对待粮食安全问题的能力和认知都在不断提升着，大豆的失败和主粮的绝对安全，展现的是国家对待粮食安全问题上的战略重视。

1980年，美国在我国东北发现了一种大豆含有高产性状的基因，比普通大豆含油量高出16%，并且这种野生大豆的抗体基因十分强大，不需要杀虫和除草，种植成本极低，通过美国孟山都公司对该种子的复刻与改良，美国将这种大豆种子在世界100多个国家申请了专利。2001年，东北的豆农突然发现，美国公司提供的大豆种子让我进行种植，不仅产量更高，而且关键还是免费的！等到2002年，第一年还在观望的豆农都开始疯抢美国大豆种子，甚至连政府部门都没有意识到背后的风险，甚至帮忙搭建销售渠道进行宣传，毕竟在当时看来是百利而无一害的“自由贸易”。然而到了2003年风云突变，孟山都公司直接将黑龙江豆农告上WTO，黑龙江豆农只得改换品种。然而，大豆的下游产业却在急剧扩张，对大豆的需求量也是与日俱增。一方面，改回原有品种的国内大豆产量根本无法满足当时国内榨油企业的需要；另一方面，美国农业部通过宣布大豆库存大幅降低，并配合前面讲到的四大粮商还有华尔街资本疯狂炒作，大豆价格从415蒲式耳/美分炒到1064蒲式耳/美分，创下了近30年的新高。2005年初，国际大豆价格上涨到4400元/吨的高位。面对价格疯狂飙升的上游原材料，作为下游生产商的中国榨油企业开始以4300元/吨的价格疯狂囤积了800多万吨大豆。紧接着国际金融资本开始大量抛售大豆，致使大豆价格呈直线下降，在短短7个月的时间里，大豆价格就从5600元/吨跌至2000元/吨，最终高昂的成本直接导致中国大豆企业大量破产，而四大粮商及其他外国资本以极低的价格收购，参股，从而垄断了中国粮油行业。2021年国内大豆的年产量仅1640万吨，而当年的进口大豆9651.8万吨，对进口大豆的依赖度高达85.5%。短短三年中国大豆行业就遭受严重打击，中国的粮食安全问题终于开始被重视起来。幸运的是，大豆在国内是粮食，但并不是日常食用的“主粮”，而是主要用于榨油和饲料。更幸运的是，我们把粮食安全问题快速提升到了一个国家战略安全的高度。

如果没有足够重视，发生在大豆身上的境遇，在小麦、玉米这些关乎中国主粮的品种分分钟就会再次上演，事实上中国小麦的粮食安全在大豆产业遭受打击之后的一年里就开始受到了挑战。从2006年到2008年7月，美国又故技重施，宣布受极端天气影响小麦减产，并且要求在汽油里添加一定比例的“乙醇”，大幅增加市场对粮食需求的预期，这就导致国际小麦价格从291蒲式耳/美分涨到1334蒲式耳/美分，涨了4.58倍。但中国的小麦价格从1400元/吨左右涨到2000元/吨左右，只涨了1.43倍。国际粮商通过各种手段在国内不断抬高价格收购小麦，希望通过做空再次收购中国小麦市场，然而这次中国有备而来，市场存量似乎无穷无尽，中储粮起初只是少量且半个月释放一次储备粮，然而这种谨慎被境外资本认为是信心不足的表现，从2008年7月至9月不断抬高价格收购，试图造成大豆之前供不应求的局面。但经过估算了境外资本的资金能力，我们从9月每天都抛售大量的粮食进场，并且通过新闻报道，我们储存的粮食高达1亿吨以上，足够14亿中国人民吃一年，国外资本终于发现，用对付中国大豆的做法对付中国的小麦已经完全无效，争先恐后抛售。至此中国主粮市场最终没有被“染指”。

4.1.4　乡村振兴的本质

端稳14亿人的饭碗，本质靠的是制度，靠的是科技。

制度上，粮食安全问题党政同责，统筹调控，保产量，严守18亿亩红线，努力建成10亿亩高标准农田。同时我们重视农民利益，合理保障农民种粮收益，让农民种粮有利可图，调动农民种粮积极性。从农业科技的角度，农业种子种源直接关乎到国家粮食安全，利用我们的制度优势和创新优势，实现种业科技自立自强、种源自主可控，无论是袁隆平院士的杂交水稻，还是养殖业中福建圣农“中国血统”的白羽鸡，还是寿光的国产农副产品，中国农业的技术进步也正在不断推动农业供给侧结构性改革，满足人民群众日益多元化的食物消费需求。

4.2　乡村振兴：让党组织深入扎根基层，真正让普通百姓共享发展成果

习近平总书记指出，乡村振兴不能只盯着经济发展，还必须强化农村基层党组织建设，重视农民思想道德教育，重视法治建设，健全乡村治理体系，深化村民自治实践，有效发挥村规民约、家教家风作用，培育文明乡风、良好家风、淳朴民风。

4.2.1 兴百姓苦、亡百姓苦的真正原因——乡绅制度

乡村振兴真正的让党组织扎根到了基层，让每个最基层的老百姓都享受到发展成果。在封建社会，因为通信不发达等多种因素，中央政权都会通过地主、乡绅的形式来对村落进行管理，由此一来地主、乡绅们生活普遍都过得不错，无论封建社会中央政权下达什么样的要求，例如赋税、征粮、征兵等，乡绅都会通过压榨农民来完成，即便在丰收的年景，在满足了中央政权规定的征粮额度后，乡绅也会攫取走农民剩余的粮食，仅能让普通农民保持一个最低的生活水准，所以无论今年是丰收还是欠收，百姓都需要缴纳大量的粮食与赋税，古话讲：兴百姓苦亡百姓苦，大抵能反映出新中国成立之前，“皇权不下县”时期中国农民最真实的生存状况。

4.2.2 乡绅制度的严重缺陷

乡绅制度本身是存在比较严重的缺陷的。

首先，从选拔机制上看，村民每人一票选出来的人未必是乡贤，也有一些是“恶霸”，那些大姓家族，或者蛮横强硬的人在这样一人一票的普选中带有先天优势，久而久之，在村中就会出现宗族制度，国家对基层的管辖与治理就会遭受严重破坏，基层治理就会变成宗族制，人治替代法制，选出来的“乡贤”也未必真的是德才兼备之人。国家政权在基层乡村的执政能力和公信力都会遭受严重破坏。

其次，从国家宏观角度来看，乡绅制度只注重短期利益和小团体的利益。基本不会有大局观念，很多时候甚至是破坏法制和人权。发展乡村，让乡村振兴最难的不是资金和技术，最难的是打破村子小团体原本的固有利益。比如曾经火爆的电视剧《破冰行动》中的原型广东省博社村，就揭示了乡绅制度危害性，村支书带领全村制贩毒，通过制贩毒攫取大量非法

经济利益，并且带动全村人参与，连警察进去，都会被全村人赶出来，而这个贩毒集团的核心就是当地村支书。这正是农村乡绅团体只重视小群体利益而产生极大危害的体现。除了贩毒制毒，还存在一些贩卖拐卖人口，一个村庄集体参与电信诈骗，如果没有基层党组织的领导，在乡绅这个小利益团体看来，这些甚至都算不上犯法，贩卖人口拐卖女性不过是为了生育后代，电信诈骗不过就是骗人而已，殊不知，这些做法已经严重危害到国家的法治建设。

4.2.3　乡村振兴真正健全了基层的治理体系

乡村振兴工作，就是从源头上，彻底改变“乡绅制度”滋生的土壤，从经济上，真正提高农民的收入，让农村生产力集体化或工业化，从经济的根源上摆脱对乡绅的依赖。当然乡村振兴工作并不仅仅局限于经济层面，更是要通过培训教育，切实提高村民文化水平和劳动技能，通过普法教育，切实树立村民们的法治观念，从思想层面丰富村民的精神文明生活，更防止物质丰富后，因为文化水平有限，导致返贫。

乡村振兴工作，离不开健全且有力的基层党组织和基层法治建设。在全国扫黑除恶专项斗争中，全国累计打掉农村地区的涉黑组织1198个，占打掉涉黑组织总数的33.4%；打掉农村地区的涉恶犯罪集团及团伙13272个，依法严惩“村霸”3727名；对受过刑事处罚、存在“村霸”和涉黑涉恶等问题的4.17万名村干部，从一些公开的案件中我们可以看到，这些涉黑涉恶的村霸用暴力手段欺压群众，侵吞国家乡村建设的相关资金，插手乡村建设的工程，开发资源，开发多个领域；甚至违规发展党员，操纵基层选举，严重破坏了党的执政根基和党在人民群众中的公信力。习近平总书记要求，要健全农村扫黑除恶常态化机制，持续打击农村黑恶势力、宗族恶势力，依法打击农村黄赌毒和侵害妇女儿童权益的违法犯罪行为。这样乡村振兴工作，才真正能让基层党组织在农村发展中发挥作用，保证让每个村民都享受到国家发展的红利。

4.3 乡村振兴：实现中华民族伟大复兴的一项重大任务

4.3.1 乡村振兴的关键

乡村振兴的关键在于乡村产业的振兴，产业兴旺不是随便搞一两个乡镇企业就完事。

从宏观上看，我们的政策针对大多数农村地区，农业生产水平低下，产业结构单一的问题来进行解决，做好农业供给侧结构性改革。目前在保证了18亿亩耕地红线的基础上，我国农业生产的主要矛盾已经不是总量不足的问题，而是结构性的矛盾，做好农业供给侧结构性改革能提升农业生产的综合经济效益，让农民生产出的产品，符合消费者的需求，实现产地与消费地的无缝对接。从数据上看，2017年底，我国全年玉米种植面积减少了约2000万亩，与此同时，有效供给积极补充，市场紧缺的大豆面积共计增加871万亩，杂粮杂豆增加约600万亩，在保证粮食安全的大前提下，依据区域资源禀赋及产业比较优势，发展适销对路的优质品种，帮助农民获得更高的经济收益。

从执行层面上看，我们需要有更多可以落地、可以规模化的形式，来带动村民们实现共同富裕。“大山乐涛淘，带你淘岚皋”，陕西省安康市岚皋县副县长杨乐在互联网直播平台上火起来了，作为带领岚皋村民共同富裕的领路人，杨乐副县长亲自出镜参与电商直播。比起过去以往举办过的乡村助农活动，这位“80后”博士副县长真真正正地在用自己工作之余的时间在带领乡亲们致富，每周一到五晚上的20：30直到夜里的22：30，这位杨乐副县长不仅是在直播间推销岚皋县的特色农产品，更是在直播间表演起唱歌、脱口秀、绕口令等节目，以聊天互动的方式尽可能地留住每一个直播间里的用户，也更是被直播平台中的几百万粉丝称为“最接地气”的副县长。别人学唱歌是为了做主播谋生，杨乐副县长作为一名公务员学唱歌，是真正地为当地乡村发展尽自己的努力。在他的报道下，岚皋当地出产的魔域爽、小土豆、茶叶等农产品已经在直播平台售出数万份，成交金额也高达数百万元。

4.3.2　生态宜居

生态宜居不仅是乡村外表建设得干净美观，也是一种绿水青山就是金山银山的发展理念，更是要看到乡村生态宜居背后的经济效益和绿色发展理念。

一方面，那些高污染高耗能，大量侵占耕地的产业并不是真正的乡村振兴；另一方面，我们要看到生态宜居背后带来的经济效益附加值，当农村的环境变优美，旅游、餐饮、绿色农业等产业将会给农村带来非常客观的收入，更会吸引在外打工的年轻人回乡建设，让人才重新回流到乡村之中，乡村振兴的本质离不开优美环境+人才的共同推动。

在杭州市余杭径山镇小古城村，2021年一年该村凭借“露营热”实现全年旅游综合性收入3250万元，单天仅仅门票的收入就超过了6万元，而看到巨大收益的年轻人也纷纷加入进来，“一顶帐篷，一块营地”这个看起来很简单的露营创业背后，考验的其实是发展观念，基础设施建设等多方面的综合实力。小古城村的露营营地规划协调统一，营地本身的土地不仅经过重新整修，还通了水电。而接受媒体采访的几家营地负责人，都是年纪不大的年轻人，记者了解到，他们本身都是在周边省份打工的年轻人，但因为家里生意太过火爆，所以选择了回家创业。而浙江小古城村的案例恰恰是乡村振兴工作中，村庄环境优美、产业绿色、人才兴旺的最好案例展现。

4.3.3 乡村振兴的工作

乡村振兴的工作既要塑型，也要塑魂。

乡村文明建设不单单是制度建设，也是社会主义精神文明建设和思想道德建设。普及科学知识，推进农村移风易俗，推动形成文明乡风、良好家风、淳朴民风，认识到乡村文明建设在乡村振兴工作中的重要现实意义。当然，乡村讲文明，本质上还要满足村民背后的基本物质要求和村庄的基本发展要求，从农村经济建设的角度看，只有一个地方形成良好的风气，才能吸引人才、吸引投资；从村民本身角度看，在心中树立正确的社会主义核心价值观，能更好地推进移风易俗，防止在经济水平提升后，因为认识不足，导致经济水平倒退甚至是“返贫”。

4.3.4 乡村振兴的有效治理

乡村振兴中的有效治理，不仅是简单的制度严格管理，而是要在基层党组织的带动下，调动所有的村民参与进来，共同建设，共同治理美丽乡村，更重要的是让每一位村民都共享到发展成果。

一方面，基层党组织要在乡村振兴的工作中做好领头人，作为探路者，领路人，带领村民找到一条真正的振兴之路；另一方面，基层党组织要做好承上启下的“联络人”，对上级单位反馈村民遇到的真实意见，对上级给予村民的政策扶持要不遗余力地普及与实施。如今，河南省濮阳县西辛庄村是全国文明村，也是全国新农村建设的示范村，20世纪90年代，村里发展滞后，村民之间、村民与村干部之间矛盾重重，但在村党支部书记李连成的带领下，西辛庄村的发展日新月异，他曾亲口对记者说：作为党支部书记，想要大家都听你的，只有干事，吃亏。干事干好了要分给大家，吃亏的事情自己要带头去尝试，而事实上，李连成书记也确实是这样做的，他把自己曾经靠大棚菜种植积累的二十几万元积蓄，少则几千元，多则上万元的拿出来或借给有困难的村民，还自掏腰包买种子，给村名做贷款担保，还把自己的两座大棚免费送给了村里条件最差的两户人家。最终李连成书记让全西辛庄村的村民拧成一股绳，如今的西辛庄村已经建立了二十余家企业，还有十几层的医院，学校，村民年均纯收入已经超过3万元，西辛庄村的这一片繁荣景象，离不开李连成书记和村党组织对整个村庄卓有成效的治理。

4.3.5　乡村振兴的目标

乡村振兴的最终目标是实现生活富裕，但是生活富裕不是“等靠要”，既要有政策的支持，也要靠自己的双手劳动去创造，在城乡融合中实现城乡要素自由流动。

如今，村庄中很多年轻人外出打工，不愿意从事相关农业生产的工作；很多城市里的退休老人，对乡村生活仍然有很高的期待；很多企业和资本仍然看好我们广阔的农村市场。但是，外出打工的年轻人、退休的城市老人、期待进入乡村办企业的资本这三者之间并没有很好的流通与循环，往往是村里收入低，年轻人不得不出去打工，城里人想回农村却因为土地等政策问题无法长期回归，而企业与资本想在农村投资建厂，又涉及很多政策，法律保护的问题，所以实现乡村振兴生活富裕的目标，靠的就是“共同富裕”。在浙江建设共同富裕示范区，就是浙江在发展基础条件较好的情况下，真正蹚出一条既能将蛋糕做大，又能将蛋糕分好之路。在2021年5月20日《中共中央 国务院关于支持浙江高质量发展建设共同富裕示范区的意见》中，我们没有看到人均GDP必须达到多少多少这样的字样，而是着重提出要塑造产业优势，加强反垄断和防止资本无序扩张，持续缩小城乡区域发展差距和收入差距，这些注重“再分配”的政策思路。

所以真正的乡村振兴的现实意义，不是一个企业或是一个企业家价值数千亿元，而是经济发达，产业结构合理，分配制度合理，基础设施完善，环境优美和谐，每个人都能真切体验和享受到的“共同富裕”。

4.4 乡村振兴的模式

4.4.1 村企共建模式－正定县滹沱河沿岸乡村振兴示范区

“一鞭晓色渡滹沱，芳草茸茸漫碧波”。正定县滹沱河沿岸乡村振兴示范区涉及3个乡镇、13个村庄，面积约32平方公里。示范区以滹沱河良好的生态环境为依托，结合全域旅游战略，串点成线，全域提升，乡村振兴美丽画卷徐徐展开。

第一，村企共建模式正在致力探索村企合作路径。

美丽乡村塔元庄为有效破解发展进入瓶颈期、乡村振兴活力不足问题，与同福集团开展战略合作，共同成立河北塔元庄同福农业科技有限责任公司。同福集团货币出资占股70%，塔元庄村利用村集体建设用地及闲置资产使用权出资占股30%。公司投资2.7亿元建成塔元庄同福乡村振兴示范区，倾力打造集高效农作物种植、研学教育、休闲康养、户外拓展、中央厨房展示等为一体的一二三产业深度融合项目，产业链条不断延伸，关联行业飞速发展。塔元庄村借力同福集团平台，解决了产业链短、资金短缺、管理人才匮乏等难题。同福集团通过村企合作参与乡村振兴，扩大了企业的发展空间和品牌影响力，企业发展进入快车道。村企双方形成优势互补、互利共赢，走出了一条村企共建、城乡融合发展的乡村振兴新路径。

第二，村企共建模式正在聚力发展现代都市型农业。

示范区以满足城乡居民多样化消费需求为目标，优化产业布局，放大资源优势，拓展多种功能，聚力发展现代都市型农业，培育了一批主导产业聚集度高、联农富民机制多样的现代农业园区，建成省级现代农业园区1个，市级现代农业园区6个，五星级休闲农业园3个，森露都市生态农业产业园、同福四季生态农场、农耕时代都市农业示范园、青益农业林果苗木基地、福泽智慧农业园区等示范园区集群发展，现代都市型农业发展格局初步形成。正定县入选2021年全国休闲农业重点县。

第三，村企共建模式正在倾力打造乡村旅游精品带。

立足生态优势赋能绿色发展，示范区沿岸村庄在完成村庄环境整体提升的基础上，按照“点上精彩、线上美丽、面上干净”的思路，建设宜居宜业、记得住乡愁的美丽乡村，完成投资5.5亿元，对示范区内村庄提档升级，一个个乡村美丽蝶变，实现了美丽乡村与产业发展互促进、创建美丽与经营美丽相结合、村容村貌与精神风貌双提升。建成“中国美丽乡村”2个，精品旅游线路6条，塔元庄村成为“中国最美休闲乡村”“全国乡村旅游重点村”。滹沱河艺术生态岛、森林河趣那主题公园、平安野槐林、西里寨沙洲湾、南白店乡村驿站等项目，使乡村旅游点和休闲农业园区串联成珠，打造了滹沱河沿岸乡村旅游精品带，以休闲娱乐、田园风光、采摘体验、乡村民俗等为特色的美丽乡村游正在成为滹沱河沿岸的新热点、省会市民休闲旅游的网红打卡地。

4.4.2　特色产业主导模式-怀来县桑园乡村振兴示范区

怀来县桑园乡村振兴示范区涉及2个乡镇、11个村庄，面积约37.29平方公里，示范区以葡萄特色产业为支撑，着力推动一、二、三产业融合发展，乡村生产、生活、生态同步建设。

第一，连片规模种植，打造农业典范。

怀来县桑园乡村振兴示范区内葡萄种植面积达3.46万亩，其中鲜食葡萄2.05万亩，除传统种植的白马奶、龙眼、红提、维多利亚、赤霞珠等葡萄品种外，还引进了夏黑、阳光玫瑰等高端葡萄品种，现已形成三大系列、六十多个品类，早、中、晚熟组合配套的种植格局，“怀来葡萄”荣获国家地理标志证明商标。

“瞄定四季有葡萄”，示范区建设葡萄设施大棚200余座，各类葡萄保鲜库45座，通过设施大棚、露地种植和贮藏保鲜，使怀来葡萄实现全年规模供应，为农民持续创收。创新发展农产品电商物流模式，利用顺丰、京东等知名网络电商平台，将怀来葡萄销售市场扩宽到北上广深等地。葡萄产业成为农民增收致富和区域经济发展的支柱产业。

第二，延伸产业链条，提升综合效益。

示范区酿酒葡萄种植面积达1.41万亩，酿酒葡萄生产能力达2万吨，7家葡萄酿酒加工企业干红、干白葡萄酒加工工艺均达到国际标准。打造出了“马丁”“龙腾”“家和”“一棵藤”等多个葡萄酒品牌，荣获众多国际奖项。

第三，创新经营机制，带动增收致富。

示范区依托葡萄产业基地，成立82家葡萄专业合作社和专业民宿合作社，通过“公司+合作社+农户”的运营模式，与周边村民签订葡萄种植合同，由合作社统一运营、管理，与村街签订长期用工协议、促进就近就地就业，实现了景区、村集体和村民的三方共赢，带动了农民群众共同致富。

第四，文旅康养互促，实现融合发展。

依托永定河全流域治理、官厅水库国家湿地公园建设的生态名片，深入发掘永定河源头、老君山、双龙山等历史文化底蕴，积极探索“葡萄产业+N”的新业态发展模式。打造万亩葡萄园、葡萄酒之窗、红酒酒庄、葡萄小镇、温泉小镇等特色景点，建设葡萄景观长廊、发展旅游民宿，形成集葡萄采摘、酒窖观光、果酒品鉴等吃住游购一体的葡萄文旅康养休闲产业带，每年接待游客50余万人次，年人均收入可达近3万元。

葡萄产业融合发展和农村人居环境整治提升相互促进，宜居宜业宜游的美丽乡村片区加快建设。石门湾、后郝窑、新响岭3个村被评为省级美丽乡村精品村，后郝窑村入围“中国美丽乡村百佳范例”和“全国乡村治理示范村”。

4.4.3 田园综合体模式–迁西县“花乡果巷”乡村振兴示范区

迁西县花乡果巷乡村振兴示范区位于燕山深处，涉及3个乡镇、34个村庄，面积约216平方公里，以打造田园综合体为引擎，引领全域振兴，花乡果巷全面发力。

第一，全域规划。

聘请河北旅游研究院对片区进行高标准规划设计，按照生产、生活、生态“三生同步”，农业、文化、旅游“三位一体”的理念，6.93万亩热土、21个行政村一体规划建设。重点打造“一镇四区十园”：一镇即花乡果巷特色小镇；四区即百果山林休闲体验区、浅山伴水健康养生区、记忆乡居村社服务区、生态环境涵养区；十园即黄岩百果采摘园、食用菌产业园、神农杂粮基地、玉泉山庄、莲花院颐养园、梨花坡富贵牡丹园、游客集散中心、马家冲森林公园、五海猕猴桃庄园、乡村社区旅游廊道。三年投资15.66亿元。

第二，全域整治。

筑梦田园，19500亩土地整饬一新，12条田间柏油路、23条园区路、7座农桥贯穿通联，9102米河道成景；留梦乡村，示范片区所有村庄拆、清、建、治、管并用，净、硬、绿、亮、美同步，清垃圾、清河塘、清理农业生产废弃物，拆除违建3104处，昔日污水横流、垃圾满地的落后村庄精彩蝶变；兴梦生态，83%的森林覆盖率新增1.5万亩花果景观。

第三，全域兴业。

受美丽环境、良好前景吸引，示范区美丽产业纷至沓来，创意农业惹火故园；携3亿元投资，万亩牡丹园落户梨花坡，游客如织；投资1.5亿元，千亩猕猴桃庄园已成规模，花果人间温室群成为网红地标；投资5亿元，人从众50个现代化食用菌大棚带动600菇农就业；年产2000吨有机杂粮，神农杂粮基地开工建设；花乡果巷旅游景区获评国家4A级景区，五海猕猴桃庄园正在申报国家4A级景区；黄岩百果采摘园、洼子地阳光玫瑰葡萄沟、禹山开心农场。一产带动、二产跟进、三产同步，2020年示范区年接待游客30万人次，实现旅游综合收入6500万元。

第四，全域富民。

示范区“六三三”利益分配机制让企业有利润、集体有股份、群众有收益。“六”：水杂果种植、林下土地流转、流转土地经营管理、劳务输出、旅游从业、村集体股权分红，六种村民获益途径；“三”：农业生产经营、产品加工销售、旅游从业服务，三项企业与合作组织收入来源；“三”：村集体土地入股分红、村集体资产入股分红、村集体争取到各级财政资金入股分红，三种村集体入股企业分红方式。2020年，示范区直接带动农民就业4000人，人均年增收9000元以上；农家乐、精品民宿、特色产品售卖，辐射受益农户3200户，完美实现多方共赢、共同富裕。

第五，全域善治。

修订村规民约，推行村级事务“小微权力清单”制度，构建“天地人、县乡村”三维三级智慧监控网络，打造国学文化品牌，举办梨花节、采摘节、全民读书节、书法笔会，评选美丽家庭，实现志愿者队伍全覆盖，示范区创新乡村治理手段接二连三，农民获得感、幸福感、安全感不断增强。

4.4.4 组团发展模式－固安县乡村振兴示范区

固安县乡村振兴示范区涉及5个乡镇、56个村庄，面积约171.05平方公里，将城乡对接、要素融合、村企共建、组团发展作为乡村振兴重要路径，在全县推行，形成了4种组团发展模式。

第一，联村并建，共建共享。

林城村，将相邻4个村街的人口、土地、资产、资金等各种要素进行全面整合，依托滤清器产业建设乡村产业园区，依托花海、油葵园、有机农业建设都市农业园区，依托美丽乡村建设新型农村社区，打造出了一个集商务洽谈、休闲、度假、养老等功能于一体的温泉小镇，培育了德尔曼、申宝等一批年产值超千万的现代化企业，村民人均收入超3万元。林城村先后被授予“全国文明村”“全国生态文化村”、河北省“新民居建设优秀示范村”等荣誉称号。

第二，园村结对，同步发展。

周家务村，以卡尔叔叔幸福农场为龙头，发展特色果蔬种植和采摘，打造月季花海、亲子乐园、房车公园等景观，培育周家小院、周家有物精品民宿品牌，通过订单农业、会员农业精准对接京津市民高端需求。以百年戏曲文化为依托，邀请北京戏曲名家担任轮值团长，以赏戏曲国粹、品生态有机为主题，将京剧文化融为一体，全力打造集现代农业、休闲采摘、戏曲文旅、田园生活于一体的特色小镇。日均接待游客过千人，带动100余名农民就业，年增收300万元，周家务村获评“河北省乡村旅游重点村”，被省文旅厅推荐为全国乡村旅游重点村。

第三，村企融合，一体发展。

“北房上村+枫林庄园”组团采取一体化开发、企业化运营方式，打造集现代农业、住宿餐饮、观光采摘、文化体验于一体的乡村旅游片区。依托枫林庄园景区、成立苗木种植专业合作社和专业民宿合作社，每亩按照每年1300元的标准进行土地流转，与村街签订长期用工协议，通过“公司+合作社+农户”的运营模式，与周边村民签订花木种植合同。累计流转土地1000亩，吸纳农民就业282人，年人均增收3.2万元，在旅游产业的带动下，北房上村集体年收入增加150余万元，群众生产生活条件和村街面貌实现了历史性跨越。

第四，产村携手，邻村共进。

南王起营村依托花卉种植产业基础和市场开发优势，以流转土地或签订购销合同的方式，将周边村庄土地统一规划，实行连片开发经营，建立花木繁育和销售中心，以种植苗木为主转变为以承包绿化工程为主，业务范围辐射京津冀等10余个省市，年销售额数以亿计。其中，南王起营村人均收入逾10万元，带动周边十多个村街3000多种植户、近万人就业致富，成为固安“富美乡村”的典范。

4.4.5 全域整治模式－峰峰矿区太行跃峰渠乡村振兴示范区

峰峰矿区涉及4个乡镇、31个村庄，面积约18平方公里。峰峰矿区以太行跃峰渠乡村振兴示范区为核心区，全域开展国土整治，优化生产、生活、生态布局，“五位一体”推进乡村全面振兴。

第一，矿山变青山，矿区变景区。

为改变峰峰多年过度开采造成的地表沉陷，8万亩荒山的景象，先后采取了采煤沉陷区“一区修复”，矿山、荒山、煤矸石山“三山同治”，环城区、环道路、环村庄、环企业、环水系“五环”绿化的方式完成城乡伤疤修复。实现了“一镇一湿地、一村一游园”，呈现出草长莺飞，湖光山色的美景。

在全域生态修复中，累计投入8亿元，完成35处裸露矿山修复和4座煤矸石山综合治理；完成各类营造林8余万亩，林木覆盖率由2016年的17%提升到现在的56%。

第二，提升人居环境，擦亮乡村底色。

坚持为农民而兴、为农民而建，以“九个全域”为抓手，全域铺设污水主管网6.2万米、支管网18.2万米、建污水终端28座，污水管控率达到100%，污水利用率达到100%。垃圾实行城乡一体化，村村实现垃圾不落地。高标准建成水冲式农村公厕33个，完成水冲式户厕改造1.03万户。修建农村公路180公里。共亮化街道186余条，粉刷、美化墙体89多万平方米，建成了李庄的十字绣、手涂画等8千余个特色庭院。

第三，串珠成链，打造精品旅游线路。

以太行跃峰渠景观大道为线，串联起集贤山庄响堂山景区、金村滏河源景区、东和村响堂水镇、王看村太行药王谷、冀南山底抗日地道、张家楼艺术公社、磁州窑艺术街区等景点，积极开发观光农业、休闲农业、健康养生、生态教育等新业态，使得“太行跃峰渠”休闲旅游精品线路的招牌更靓丽。2020年累计接待游客1500万人次，旅游总收入7.22亿元，同比增长301%，均创历史新高。

第四，调整结构，五彩产业写富裕。

按照“盘活资源、整合项目、创新方式、强化管理”的思路，聚力打造省级现代农业精品园区，通过“村集体+龙头企业”“村集体+企业+基地+农户”“村集体+公司+园区+农户”等模式，构建起了红色旅游、绿色苗圃、黄色金谷杂粮和油菜花、白色食用菌、彩色鲜花产业，电商、陶瓷等

“五色+N”特色产业带，平均带动农民增收3000多元，农村集体经济收入全面超过10万元。

随着“三农”工作重心历史性转向乡村振兴，我们将以更高的标准、更大的力度、更加创新的举措，致力打造华北地区乡村振兴样板，为新时代全面建设经济强省、美丽河北锻造坚实支撑。

第5章

Chapter 5

实施乡村振兴战略是新时代应实现的新目标

2022年2月22日，《中共中央 国务院关于做好2022年全面推进乡村振兴重点工作的意见》正式发布，这是21世纪以来我国发布的第19个中央一号文件，也是国务院直属机构国家乡村振兴局正式挂牌成立后的第一份指导“三农”工作的中央一号文件。文件中提到了“两条底线”和“三项重点”，以稳中求进的务实精神谋“三农”发展。文件要求要牢牢守住保障国家粮食安全和不发生规模性返贫这两条底线；同时要扎实有序地做好乡村发展、乡村建设、乡村治理重点工作。

基于“两个底线”要求，文件提出了在粮食安全方面要严守18亿亩耕地的红线，确保1.3万亿斤以上的粮食产量水平，创新种业发展，提升技术水平，调整优化农业种植结构；在防止返贫现象方面则明确了稳收入、重监测、补短板、强帮扶等要求。基于“三项重点”要求，文件则要求要以党建引领，全面推动乡村振兴取得新进展、农业农村现代化迈出新步伐。主要通过以下四个方面完成工作：第一，要以产业发展为基础，聚焦一、二、三产业融合发展，形成“一县一特，一镇一品”的产业发展格局，真正做到第一产业扎根，稳定基本盘，第二产业发展，吸引优势产业梯度落地，第三产业扩容，伴随高新产业和新基建的推进，建设县域商业体系。第二，要促进和培养人才发展，打造以科技为引领，以产量为支撑，以人才为保障的现代化农业发展道路。第三，要促进文化振兴，通过保护非物质文化遗产和传统农耕文化，打造区域名片，促进文明创建，推广文旅融合。第四，要建设生态宜居的乡村环境，全面开展农村人居环境治理，科学治污，遵循绿色环保、节能高效原则，践行“绿水青山就是金山银山”的生态理念。

实施乡村振兴战略的总目标是农业农村现代化，总方针是坚持农业农村优先发展，总要求是产业兴旺、生态宜居、乡风文明、治理有效、生活富裕，制度保障是建立健全城乡融合发展体制机制和政策体系。

5.1　乡村振兴是我国实现现代化的必由之路

实现乡村振兴对我国实现现代化具有重要意义。“三农”问题是事关现代化成败的关键因素。我国正处于中等偏上收入国家向高收入国家迈进、从后工业化时期向工业化社会转变的关键时期。一旦不能处理好“三农”问题，我国很有可能陷入“中等收入陷阱”。“中等收入陷阱”是学界近些年来讨论的热词，一般发生在发展中国家向发达国家转型的过程中。具体表现是农业发展滞后，农业劳动力不得已进入城市，导致农村凋敝；城市化、工业化进程加快，城市迅速膨胀短期无法提供足够的住房、社会保障，城市贫民窟，同时城市化进程受损。2025年我们预计将进入高收入国家，而能否顺利跨过中等收入陷阱，最大的一个问题就是能否解决好“三农”问题。乡村振兴战略是从我国国情出发，实现现代化的成败之举。

5.1.1　什么是中等收入陷阱

中等收入陷阱是指一个国家由于凭借某种优势（自然资源、人口等），实现经济的快速发展和人均收入水平的提高，但后期由于不能顺利实现发展战略和发展方式转变，新的增长动力不足而出现经济停滞的现象。如墨西哥、巴西、阿根廷、菲律宾等，几十年来长期处于中等收入行列，而无法进入高收入行列。

“中等收入陷阱”源自世界银行2007年发布的《东亚复兴：关于经济增长的观点》的报告。报告提到1998年东南亚金融危机爆发后的10年里，东亚的中等收入国家难以保持高速增长。拉丁美洲和中东地区就是两个典型的例子，数十年来他们都未能跳出这个陷阱。从1960年到2008年，在101个经济体中只有13个成功跨越中等收入陷阱进入高收入国家，也就是绝大多数中等收入经济体在半个世纪内都无法实现向高收入国家成功跨越。

5.1.2 为什么说中国面临“中等收入陷阱”风险

世界银行按人均国民总收入对世界各国经济发展水平进行分组，通常分为低收入国家、中等偏下收入国家、中等偏上收入国家和高收入国家。根据最新标准1998年中国进入中等偏下收入国家行列，2010年迈入中等收入国家行列。此后经过10年的快速增长，2020年人均国民总收入已经达到10610美元。按照世界银行标准，我国正处于中高等收入阶段中间靠右临近高收入区域，距离高收入国家门槛值是16.7%—16.8%。根据国际经验，当一国人均国民收入增长到距离高收入国家20%—30%区间时，就进入“中等收入陷阱”的高风险区域。

关于中国是否会进入“中等收入陷阱”，长期存在争议。“中等收入陷阱”并不是单纯由数据决定，也要同时表现出一系列进入“中等收入陷阱”的一般现象。中国经济经历了30多年的快速增长之后，从2010年开始，中国经济转入下行通道。同时以投资打头、出口导向、劳动密集型产业为主导的发展方式开始失灵，而新的发展方式对经济增长尚未形成足够支撑力。这个阶段容易产生并积累各种劳动关系之间的矛盾，原有的体制机制有可能会失效，矛盾长期得不到解决就会带来系统性风险。

世界银行把人均国民收入4046—12535美元划入中高收入国家，把人均收入在12536美元以上划为高收入国家。而要判定是否进入高收入国家，与此紧密相关的几项结构指标同样重要。经济体消费率达到70%以上，城市化率达到70%以上，服务业比重达到60%以上。另外，中产阶级自我认同度达到60%以上。高收入国家的经济、社会、制度都将发生结构性变化。因此从人均国民总收入、结构指标、经济现象等方面都可以基本认定我国目前正面临“中等收入陷阱”风险。

5.1.3　世界上跨越“中等收入陷阱”的成功和失败案例

19世纪70年代，拉美主要发展国是第三世界中最早开始现代化的国家。这些国家通过进口替代工业化模式获得了高速发展，迈出走向现代化的第一步。然而，19世纪80年代爆发的“债务危机”结束了拉美半个多世纪以来的“黄金时代”。在进口替代模式下，国内生产总值增速放缓，政府不得不大量对外举债。当长期性债务难以偿还时，政府借用短期债务解决社会福利问题，导致经济动荡。因此拉丁美洲很多国家长期陷入中等收入陷阱。

世界银行的报告中只提到少数几个国家和地区成功跨过了“中等收入陷阱”，除了中东的能源国外，分别是韩国、日本、新加坡、中国香港等。韩国20世纪70年代是出口导向型经济。政府积极扶持创新活动，促进劳动密集型产业向资本技术密集型产业升级。政府高度重视教育，深化知识、人才对经济的促进作用。韩国并非没有经历“中等收入陷阱”阶段，只是用较短时间实现了中等收入向高收入的跨越。

5.1.4　跨越“中等收入陷阱”的重要性

一国在发展的进程中，中等收入阶段是一个非常关键的阶段。有的国家能够实现跨越，则经济社会将继续向前顺利发展；有的国家无法实现跨越，则长期处于中等收入阶段，难以实现现代化。因为进入中等收入阶段之后，经济发展的目标不再是单一的经济增长，而是要实现政治、经济、社会、文化、生态等多方面可持续协调发展。发展中国家既要基于原有的发展模式，又要摆脱原有的发展模式，在与发达国家的竞争中形成自己新的竞争优势。无论是发展目标还是发展模式变化都对中等收入国家形成了巨大的挑战。

世界银行前首席经济学家、北京大学国家发展研究院名誉院长林毅夫说："一个国家在现代化的过程中，持续的经济增长最主要的因素必然是技术创新和产业升级，使资源不断从低物价价值的部门向高物价价值部门转移""关键是分清市场和政府的作用，在经济发展中才可以控制存在的问题，并且创造条件不断地技术创新和产业升级。"

跨越"中等收入陷阱"的过程，不仅需要投资、消费、出口等要素的增长，还需要实现经济结构和社会结构的不断优化。从中高收入阶段向高收入阶段跨越过程中，消费对经济增长贡献率开始提升，投资对经济贡献率开始下降，因此产业结构从工业为主转向服务业为主，由劳动密集型产业为主转向资本技术型产业为主。经济结构随之不断优化带来经济的持续增长。与之对应的社会结构也随之改变，在向高收入跨越过程中，人口会大量从农村向城市聚集，中产阶级迅速成长并形成"橄榄型"社会，改变了原有的社会结构。可见社会结构的优化也要与经济增长配合。

过去40年，我国主要是出口导向型模式经济体。出口导向型国家容易受到贸易政策、发达经济体货币政策、国际资本流动、商品价格波动等外部因素影响。而内需主导型经济虽然对内部政策和市场需求要求更高，但是应对外部冲击时韧性更强，经济发展更稳健。如今逆全球化趋势仍在继续，我国出口导向型经济正面临严峻挑战，不仅要应对发达国家对国内中高端产业的竞争，又要应对发展中国家对我国中低端产业的挤压。于是在向高收入国家迈进的过程中，我国积极从外需导向型向内需导向型转变并促进国内需求结构调整，同时促进产业结构从中低端向中高端转变。

跨越"中等收入陷阱"，迈向高收入国家是一个系统性问题。对于我国而言，农业农村发展不充分将是跨越"中等收入陷阱"的重大风险。对于经济结构转型，随着我国向高收入国家发展，拉动经济的"三驾马车"中消费率要上升、投资率下降，而农民收入上不去，将影响整个消费能力。对于社会结构而言，发达国家城市人口在80%以上，日本在91%以上，韩国在82%以上。我国以中等收入群体为主的社会结构如何建立，这里又涉及包含大量低收入者的农民群体。总体来说，跨越"中等收入陷阱"经济结构转型升级急需扩大农村内需，加快农业现代化转型；社会结构中，需要推动城镇化，建立中等收入群体为主的社会结构；引领农民走向共同富裕的道路，享受同城镇居民共同享受基础设施和公共服务。要跨越“中等收入陷阱”需要高度重视农业农村现代化问题，通过乡村振兴战略解决城乡发展不平衡、农业农村发展不充分的问题，向迈上高收入国家行列作出重要举措。

5.2　我国新时代能够实现乡村振兴

5.2.1　我国实施乡村振兴的有利因素

新时代我国农业农村现代化踏上新征程。新中国成立之初，我国农业和工业独立发展，广大农民在革命、建设、改革中都作出了重大贡献。党的十七大和党的十八大分别指出了城乡统筹发展和城乡一体化的发展理念，从发展的驱动力来看落脚点在城市，把乡村放在了从属的位置。而乡村振兴战略是基于新国情和新农情的背景下，立足于农村产业、人口、文化的禀赋的基础上，自下而上地激发农村发展的积极性和主动性。农村发展从依赖外生增长到建立可持续的内生增长，这是一种执政思路上的巨大改变，与我国过去积累的物质和经验分不开。城乡关系再定义，从附属走向平等，是乡村振兴战略的出发点。乡村振兴是对“新农村建设”的再升级。

我国提出乡村振兴战略正是基于基本国情和农情的新变化，为了在城乡关系的新变化下，避免城乡之间深层次矛盾发生。改革开放40年积累的物质资源和人力资源以及改革开放的成功，让我们有信心有能力在跨越中等收入阶段的过程中找到新引擎、新方式。乡村振兴就是在这样一个的历史节点，实现农村经济结构转型升级，促进社会经济社会发展的突破口。

百年中国乡村发展可以分为乡村建设、新农村建设、乡村振兴三个阶段。20世纪初到2005年，乡村建设阶段具体措施是从国家到地方，尝试兴办新式教育、土地产权改革、推进农业合作、农业经营统分结合、深化农业市场化改革、取消农业税等方式发展乡村产业，促进农民就业，提高农业生产水平。这一阶段对确保国家粮食安全和社会稳定起到了重要作用。2006—2017年新农村建设阶段。大力发展农村基础设施建设，千方百计促进农民增收，深化农村体制机制改革，尝试理顺城市与乡村的关系，推进城乡统筹与一体化发展，积极应对全球化给农业农村带来的竞争。这一阶段极大提高了农业、农村生活水平，为社会综合发展、经济创新、环境的可持续发展提供重要支撑。2018—2050年乡村振兴阶段，2020年乡村振兴制度框架和政策体系基本完成，2035年农业农村现代化基本实现，2050年乡村全面振兴。随着新农村建设的推进，国家实施的一系列政策措施，取得了良好效果。在完成乡村产业振兴，推进城乡融合发展，和实现“四化同步”上都取得了新突破。国内陆续涌现出一系列的乡村振兴的成功模式，如贵州遵义的湄潭模式、六盘水的三变改革（“三权”促“三变”）、安顺的塘约道路、广东的罗定模式、陕西的袁家村模式、山西永济市蒲韩的综合社区建设、河南信阳郝塘村美丽乡村建设。这些先行的努力，对于乡村发展战略的实施积累了宝贵的实践经验。

5.2.2 我国实施乡村振兴的不利因素

传统增长方式转型困难。发展中国家工业化起步晚，建立起比较优势的产业体系是简单的产品制造和组装环节，多处于劳动密集型的低端产业。虽然发展中国家通过这种方式建立起自己的工业体系，但是也导致了发展中国家分工体系一旦形成又会不断强化，很容易使发展中国家处于低端循环中。

产业结构升级缓慢。改革开放之后，在我国市场经济得到发展的同时产业结构得到调整。党的十六大、十七大、十八大提出全面小康的目标以来，产业结构朝着合理化和高度化的方向发展。1978—2013年，我国第一、第二、第三产业在国内生产总值中的占比分别从28.2%、47.9%、23.9%，依次转变为10.0%、43.9%、46.1%。2015年第三产业占国内生产总值比重超过

50%，远远低于高收入国家74%（2010年），和中等收入国家53%（2011年）。尽管近些年我国第三产业发展速度很快，但仍存在发展相对滞后，结构失衡、竞争力低等特点。我国产业结构仍需沿着优化升级方向快速推进。

社会经济发展不平衡。社会保障体系有待完善，就业压力大，科教文卫事业发展落后于经济发展；仍需健全解决社会矛盾、化解冲突、规避灾难并促进社会稳定的管理体制；城乡居民之间、行业之间员工收入差距拉大，社会阶层分化严重；中东西部区域经济发展和制度优势存在差距。我国经济发展不平衡、不充分问题突出表现在农村。《中共中央 国务院关于实施乡村振兴战略意见》（2018年中央一号文件）中指出："当前，我国发展不平衡不充分问题在乡村最为突出，主要表现在：农产品阶段性供过于求和供给不足并存，农业供给质量亟待提高；农民适应生产力发展和市场竞争的能力不足，新型职业农民队伍建设亟需加强；农村基础设施和民生领域欠账较多，农村环境和生态问题比较突出，乡村发展整体水平亟待提升；国家支农体系相对薄弱，农村金融改革任务繁重，城乡之间要素合理流动机制亟待健全；农村基层党建存在薄弱环节，乡村治理体系和治理能力亟待强化。"

5.3　中国新时代实施乡村振兴的必要性

5.3.1　实现现代化和两个一百年的必然要求

"三农"问题是关系国计民生和中华民族伟大复兴的根本性问题。城和乡是一个命运共同体，时代的进步绝不能以农村的凋零为代价来换取城市的光鲜。真正意义的现代化离不开农业现代化。世界上衡量进入高收入国家有三个标准。第一，城市化率要达到70%左右；第二，农业劳动生产率接近或是超过第二、第三产业劳动生产率，实现农业现代化；第三，农民收入接近或是超过城镇居民收入。

目前我国城市化率是58%；农业生产率远远低于第二、第三产业劳动生产率；城乡收入差距已经由2012年的2.88∶1缩小到2.72∶1，但仍然存在巨大的差距。“三农”问题的关键仍然是提高农民收入。

2020年我国全面建成小康社会，同时乡村振兴基本框架、政策体系基本形成。2035年我国基本实现现代化，同时实现农业农村现代化。2050年我国将进入全面建成社会主义现代化强国阶段，同时实现农业强、农村美、农民富的目标。可见乡村振兴战略与我国现代化进程是同步推进的。乡村振兴战略是实现两个一百年奋斗目标的必然要求，是中国现代化进程中重要组成部分。

5.3.2 从大国走向强国的必然前提

实施乡村振兴战略是贯彻习近平总书记“三农”思想的重大举措，为全球乡村振兴提供了中国方案。因为中国国情和农情，没有现成的经验可以借鉴、现成的模板可以复制，只能利用中国智慧解决中国问题。未来14亿人口大国顺利跨入高收入国家行列，将对世界经济格局产生重大影响，书写出人类历史的新篇章。

从各项综合指标看，我国已经成为名副其实的发展大国，但从各项人均指标看，我国依然属于典型的发展中国家，中国经济“大而不强”的特征仍然明显。在总量上，我国经济位居世界第二，制造业产值位居世界第一，贸易进出口总额位居世界第二，外汇储备位居世界第一。2016年，我国人均国内生产总值为8123美元，排在全球第68位，相当于世界平均水平的80%左右、美国的14.13%左右、欧盟的23.30%左右。“到2020年实现全面建成小康社会目标时，我国人均国内生产总值大体也只相当于世界平均水平的90%左右”。同时，我国在创新能力、劳动生产率、社会福利水平等方面与发达国家仍有很大差距。我国要实现从发展大国走向发展强国，需要一次系统性的提升，不仅包括经济指标的跨越，还包括政治、文化、社会、生态各领域的全面跨越。

习近平总书记指出，“中国要强，农业必须强；中国要美，农村必须美；中国要富，农民必须富”。当前我国正处于跨越中等收入陷阱并向高收入国家迈进的历史阶段，乡村振兴战略的正式基于我国经济发展的现实状况和发展水平提出的重要战略部署。实施乡村振兴战略是农业农村强短板、补短板的客观要求，是推动农业全面升级、农村全面进步、农民全面发展的必然举措，是彻底化解城乡二元体制机制、促进城乡融合发展的必由之路，是实现强国梦的必然选择。

第6章

Chapter 6

实施乡村振兴战略的总要求

6.1 实施乡村振兴战略的总要求

农业、农村、农民问题是关系国计民生的根本性问题。党的十八大以来，以习近平同志为核心的党中央坚持把解决好“三农”问题作为全党工作的重中之重，举全党全社会之力全面推进乡村振兴，加快农业农村现代化，全面建成社会主义现代化强国、实现中华民族伟大复兴的中国梦。

乡村振兴战略确定了产业兴旺、生态宜居、乡风文明、治理有效、生活富裕的总要求，这既是正确把握当前农业农村发展中存在的薄弱环节和短板，也是农业农村现代化的重要任务，为乡村全面振兴战提供了新思路。

6.1.1 产业兴旺是乡村振兴的根本所在

如果振兴农业农村是建造一栋高楼，那么产业兴旺就是地基，没有产业兴旺这个地基，这栋高楼就无法屹立不倒，无法承受风雨洗礼。正所谓“经济基础决定上层建筑”，对于中国农村地区来说，产业兴旺就是乡村振兴的经济基础，决定了乡村振兴的路径是否走得通、行得远。

过往几年，在全力脱贫的过程中，金融扶贫取得了显著成果，目前我国正处于巩固脱贫攻坚成果与乡村振兴有效衔接的过渡阶段，全面推进乡村振兴离不开金融的有力支持。金融支持农村产业发展要注重以市场需求为导向，不论在金融扶持政策上，还是在资金投入上，都要以解决现阶段农业产业发展面临的实际问题和满足农业产业长期稳定发展的现实需求为目标，从宏观层面作出统筹，因地制宜扶持乡村发展，推动落实产业兴旺。

（1）深化制度改革

制度改革要准确把握国家政策方针，坚持把“产业兴旺”放在实施乡村振兴战略总要求的首要位置。一是深化供给侧结构性改革。通过优化农业生产要素配置，实现农业农产品高质量供给，解决供给结构性问题，激发农村地区经济增长动力，还要健全农村地区物流体系，打通农村电商服务脉络，助力农业供给侧结构性改革。二是深化农村集体产权制度改革。通过不断巩固完善我国农村基本经营制度，保持土地承包关系稳定并长久不变，正确处理农民与土地之间的关系，保证农村土地为农民集体所有，坚持家庭经营的基础性地位，落实土地承包“三权分置”制度。同时，通过不断深化农村集体建设用地制度改革，合理划分土地管理事权，保证农民和政府的利益各自不受侵害。三是深化农业经营体系改革。以加大资金投入、金融支持和政策优惠推动发展自主产业，培育具有市场竞争能力的农村企业，鼓励创办农业合作社，提倡农业产业化龙头企业起带头示范作用，畅通农村小微型企业融资渠道，增大针对农业主体的融资规模，优化本地营商环境。

（2）发展区域特色

我国农村数量多、分布广，区域性分布有着较大差异。农业是一个具有强烈区域性特征的产业，不同的地区拥有不同的农业环境并适宜不同的农作物生长，正如受气候、地形、水文、土壤等自然环境因素和耕作制度、农业发展历史等人文环境因素的影响，云贵高原及两广地区是我国水稻种植的主要分布区，而包括一江两河流域的藏南地区拥有着丰富的大麦和小麦种植分布区。发展农业区域特色，要着重于区域的特点，因地制宜，长远考虑。一是发展特色农业。在国家供给侧结构性改革的过程中，农业生产根据地理差异，充分挖掘具有地域优势的生产要素，鼓励农村信用合作社、村镇商业银行等金融机构增加对于小农户的信贷支持，破除小规模分散养殖种植存在的资金壁垒，提升农产品高质量供给水平，同时，横向打通区域内外产销渠道，纵向探索上下游产品开发和生产企业培育，打造本土农业品牌。二是发展特色旅游。中国国土地缘辽阔，由于自然地理差异，各地山河景色各不相同，在旅游特色上应当尽力挖掘独特地理优势，在以地方文化为依托的基础上，增加财政部门对于当地旅游业基础设施建设的资金投入，大力推动特色旅游发展。三是融合发展特色农业和特色旅游。在城市化的进程中，乡村风貌的保存和还原对于中华文化的流传尤为重要，打造特色旅游小镇已成为旅游产业的新思路，农家乐、度假村、采摘园等基于农村体验感受的旅游模式层出不穷，基于此，旅游业经营主体可以增加本地特色农业体验，政府更可以鼓励本地有影响力、有规模的企业与其签订共建协议，创造让更多人走进乡村感受农业的机会，让参与者不仅能够从中放松身心，更能够通过切身体验去感受不同农业文化的乐趣，开发“农业+旅游”融合发展的新模式，打造具有地方特色的农业IP。

（3）推进农业现代化

当前，我国处于全面建设社会主义现代化国家的新阶段，推进农业现代化是基本实现社会主义现代化的基础，是提升农业生产的基础，是国家粮食安全的保障。农业生产往往同低质、低效、低产和高消耗相挂钩，想要破除这些刻板印象并转变农业生产落后的境地，就要将农业生产与现代化建设紧密联系起来，确保到2035年，乡村振兴取得决定性进展，农业农村现代化基本实现。一是推进农业生产基础设施建设。农业现代化管理体系的一大短板就是农业生产基础设施的落后，推进现代化建设，必须要加快推进农村主要生产区域的水利工程建设，应用智能化、自动化生产设备到更多农业生产场景，对于生产规模大、生产周期较长的农业经营主体，金融机构可以提供长期融资服务，助力提升生产加工效率并提高产量，加快农业生产的现代化转型。二是重视信息科技建设和创新型人才培养。生产技术是现代化生产的第一要素，创新型科技人才是生产力变革的加速器，不仅要引入高新技术、现代化生产工具，还要顺应互联网时代的发展将电子信息运用到农业技术的提升上来，培养有知识、懂技术的新农民来充实农业人才队伍，借助确保农业创新可持续发展，推动“数字乡村”建设。三是数字金融推动产业交叉融合。互联网时代很难脱离网络，数字金融的诞生和推广拓宽了金融业务的范围，既便利了各类金融主体，又降低了人们获取金融服务的门槛。数字金融走入农村，为农业产业与其他产业交叉融合带来了新契机，为新型农业的蓬勃发展注入新的能量。要加强对于数字普惠金融在农村地区的推广和使用，鼓励农户借助数字普惠金融的力量创新创业，全面升级传统农业产业。

6.1.2　生态宜居是乡村振兴的内在要求

乡村振兴战略强调“要坚持人与自然和谐共生”，保持生态平衡是实现乡村振兴的保障。习近平总书记在云南洱海考察时强调“要把生态环境保护放在更加突出位置，像保护眼睛一样保护生态环境，像对待生命一样对待生态环境”，习近平总书记借用“眼睛”和“生命”的比喻，强调了生态环境对于全局发展的重要性。在建成全面小康社会后，实施乡村振兴战略必然要求农村高速发展，在“绿水青山就是金山银山”这一科学论断中，如何平衡好经济增长这座“金山银山”和生态环境的“绿水青山”是发展农村的第一要务。

过去在高速生产阶段，不管是城市还是农村，不管是工厂还是农田，人们追求经济利益最大化的想法往往忽视了环境的重要性，随着工厂废料处理不得当、农村将秸秆焚烧还田现象的泛滥，空气、土地、河海等自然资源污染严重，一方面放缓了高速生产的进程，另一方面也为生物生存带来更多威胁。农村地区是我国农业产业的主阵地，健康的农村生态环境也是确保我国粮食安全的基础。良好生态环境的建设不能仅依靠政府有限的财政力量，还要全面提升农村金融建设，为打造宜居的生态环境注入可再生的金融力量，为乡村风貌的改变带来更多可能性，保证乡村发展的可持续性，为乡村振兴蓄积动能。

（1）践行环保理念

传统农村普遍存在卫生条件差和清洁设施不足的现象，久而久之，人们便习惯于环境的脏乱差，既无心也无力去改善环境。良好生态环境的打造需要上下一心、共同参与，观念是人们对事物重要性的认识，也是支配人的行为的重要认识，所以要从人们的思想意识上加以引导，才能彻底转变人们对环境的观念，进而为打造良好人居环境提供原动力。一是政策引导。环保理念无法深入人心，很大一部分原因在于激励型政策的缺位，村民无法认识到环保做法为其生产生活所带来的好处，在这种情况下，可以通过政策激励村民的环保行动，将环保成果量化后与村民的现实利得挂钩，充分调动村民改善环境的积极性。二是优化制度设计。增强制度的强制性，针对农村随意丢弃垃圾、随意倾倒污水、房屋私搭乱建、墙面路面乱涂乱画等不文明情况加以处罚，在村民心中拉起红线，通过让村民“不敢犯”的做法引导建立“不想犯”的意识。三是推行环保教育。环保教育的推行要自上而下进行全覆盖，从各级生产部门、行政部门、教育部门到乡村的每一家每一户，充分运用广播电视、媒体报纸等媒介报道环保思想，开展学生可参与的学校活动、村民可参与的社会活动帮助人们养成环保习惯。

（2）推进生态工程建设

在建设城乡一体化的道路上，要坚决做好自然生态的保护工作，不得因村镇扩建占用、破坏自然生态资源，要将人居环境的改善与自然资源的保护相结合，美丽乡村的容貌是将自然生态真正还原到乡村建设中去，从打造绿色人居环境的角度出发，对乡村的基础工程进行改造升级，为村民打好践行环保行动的地基，为农业的高质量发展做好生产保障，为乡村的绿色发展带来更多生命力。一是治理人居环境。既要有“看得见的”工程，如统一的、整洁的道路墙面，又要有“用得到”的设备设施，如在农村开展“厕所革命”、路面绿化、道路照明、垃圾回收、房屋修缮等工程。二是推动农业基础设施建设工程。由于我国各地区地理和气候的差异，北旱南涝对于我国农业一直都是心腹大患。农业现代化的建设对于农村生产地区防旱防涝的要求极高，可以通过农田防汛防旱工程、滴灌和喷灌的节水技术推动建设高标准农田，提高耕地的数量和质量。三是在治理人居环境和建设升级农业基础设施的要求下，拓宽生态建设融资渠道。生态保护工程建设是一个长期性、持续性的过程，由于农村地区自身的农业生产性质，其土壤孕育金融资本的能力较差，生态建设面临巨大的资金缺口。一方面，可以强化政策性金融支持，不仅要充分发挥农业发展银行等金融机构的支农职能，还要政策引导各类金融主体为农村地区提供融资服务。另一方面，还可以由各地政府牵头，凭借债券、基金等资本市场，搭建多方融资平台，吸纳社会资本和民间资本投入生态工程建设。

（3）推动清洁生产

乡村最大的污染来源于农产品的生产过程，生产废气废水随意排放、禽畜粪便随意倾倒、秸秆私自焚烧、生产垃圾无序堆砌的问题屡见不鲜，既然要解决污染的问题，就要从预防和治理的角度出发，加快推动清洁生产的绿色工程建设。一是推广运用清洁技术和能源。一方面引入科学环保的生产技术、节能技术，减少生产过程中有害物质的产生；另一方面高效运用低耗能、可再生的环保能源，推动更多清洁技术和能源投入农业生产，降低生产对环境的破坏程度。二是规范清洁生产过程。通过法律法规约束、监管部门严格监督，对农产品生产的生产材料选择、生产资源消耗和生产废料处置做出明确规定，不符合清洁生产标准的企业停产整改。三是建设环保处理工程。建立对生产废料统一回收，集中处理，以不危害人体健康和不破坏环境的原则对其进行可循环加工，形成新的生产材料参与到农业、工业的生产中。另外，清洁生产和环保处理可能带来更高的成本和费用需求，对此类农业生产企业应在信贷支持和融资服务上给予更多照顾。

6.1.3　乡风文明是乡村振兴的紧迫任务

文明的乡风，昂扬向上的精神风貌是实现乡村振兴的深层动力。从大方向来说，我们坚定文化自信是因为中国特色社会主义文化积淀着五千年来中华民族最深沉的精神追求，是激励党和全国各族人民奋勇前进的精神力量，文化自信是更基础、更广泛、更深厚的自信，同样地，在中国乡村，发扬中华文化，树立文明乡风为乡村发展提供了更深层的精神动力。

随着我国现代化建设，越来越多的资源都集中于发达的城市地区，农村面临着各项资源的短缺，物质和生产资料在城乡之间的不均衡导致农村“空心化”问题严重，留守儿童和留守老人的受教育程度和精神面貌往往代表了整个乡村的精神现状。但是，在现代化的进程中，城市的一切事物似乎都在被革新，而乡村现代化缓慢的特点恰恰保留了其流传千年的传统文化，因此，从文明乡风中传承中华优秀传统文化也是实现中华民族伟大复兴的有力举措。

（1）打造多元乡村文化载体

乡镇的基础设施建设情况普遍弱于城市，同时，由于乡村自身属性的原因，乡村主要力量均放在农业生产上，因此农村地区较多地保留了原始的文化标志物和遗址，如何高度利用这些载体传播文化成为树立文明乡风的基本任务。一是加大对乡间文物遗址的保护力度。老祖宗为我们留下来的珍宝是无价的财富，其中蕴藏着老祖宗的智慧和精神，要通过这些无价之宝将可贵的精神流传下去。可以运用技术手段对受损的文物遗址进行修缮，并使用耐损材料对其加固用以保护，让每一处宝贵的遗址都能成为乡村文化乃至中华文化的标志。二是打造多功能文化空间。如今，各地乡村书屋、乡村剧院、乡村博物馆等文化教育场所不在少数，但是利用率却一直不高。文化教育场所不能只是形同虚设，要深度挖掘其价值，真正利用起来，起到教育传播的作用。将现有的文化娱乐场所升级为多元的文化教育空间，必要时要加大对于乡村文化空间建设的财政支持力度，引导社会资金流入，通过增设多媒体设备、互联网络将乡村文化教育空间与全国各地联系起来，将先进的思想引进来，让优秀的文化传播出去，打造属于每一个乡村的特色名片。三是推广本土文化产品。近年来，各种品牌、各种场景的文创产品层出不穷，富有创意、美感的文创产品极受年轻人的喜爱，可以迎合年轻人消费趋势，打造更多兼具美感和实用性的乡村文创产品，通过小小的物件向世界传递浓厚的乡村文化。同时，鼓励当地企业将本地文化融入产品设计中，鼓励金融机构对传播本土文化的企业提供融资支持，联合打造蕴含本土文化的特色产品。

（2）提升村民文明素养

文化，就是一个民族的根和魂，人民的精神面貌决定了民族的精神面貌。受区域资源分布不均的影响，乡村的教育水平普遍偏低，大部分的村民文化水平低，面对这种情况，要对村民从文化教育出发，提升农村整体的文明程度。一是提升文化教育水平。由于年富力强的青年男女远离家乡进城务工等原因，年幼的儿童和年迈的老人留守农村的现象较为普遍，留守乡村的人群普遍受教育程度低，通过选拔优秀教师充实乡村学校教师队伍、保障学龄儿童全部入学、加大对乡村学校的资金投入、提高乡村教育工作者的待遇等方式，尽快达到城乡间教育资源均衡。二是加大宣传力度。借助村内墙体、公告栏、广播等方式，宣传社会主义核心价值观、善行义举事迹、尊老爱幼和无私奉献的中华典故等，同时，对于那些在村民中做出过突出贡献的人，和村民中具有良好道德品行的人，通过本地媒体、基层干部对其优秀事迹充分挖掘，形成宣传材料广泛宣传，用以起到模范带头作用。三是培养文明习惯。鼓励村民走进文化教育空间，将以往用来打牌、聊天的闲暇时间转变为学习传统文化，养成爱读书、爱看报、善思考的文明习惯。同时，政府部门、金融机构要鼓励、帮助农村地区人们学习金融知识和法律知识，防范非法集资和金融诈骗。

（3）保护传统文化多样性

中华民族流传五千年的文化，经历了历朝历代的传承，值得人人学习、发扬。我国是一个多民族国家，不同地区、不同民族有着不同的信仰和习俗，每一个民族、每一个村落传承下来的文化，都是中华民族的文化瑰宝，要时刻保持尊重的态度。一是建立文化保护制度。乡村文化中往往蕴含着最朴素的精华，通过制度的建立，加强本地村民对于乡村文化的保护意识。二是培养文化传承人。物质文化遗产易于传承，而非物质文化遗产的保护还颇具难度，许多文明是以思想、习俗的方式流传下来，在传承过程中极易受到生活方式改变的冲击，可通过专项教育，培育一批懂传统文化、爱传统文化的优秀传承人，推动各地区各民族的文化流传下去，确保民族文化后继有人。三是实现文化认同。培养人们的文化认同意识，更需要从属地的文化影响体系出发，可将各个地区具有模范作用、独特的文明传统纳入学校教育中，培养人们从小对文化的认同和热爱，树立正确的价值观，杜绝出现崇洋媚外心理。

6.1.4 治理有效是乡村振兴的重要保障

治理有效，建立科学、有力的农村发展体系是乡村振兴的主心骨。国家治理体系和治理能力现代化是我国制度和制度执行能力的集中体现，国家治理中的重要一环就是实现乡村的有效治理。乡村治理是乡村发展中矫正错误、正确引领、合理规范的基础。

一直以来，基层的有效治理是我国国家治理中薄弱的环节，特别是乡村治理。由于地域、民族、文化差异等种种原因，乡村治理中最大的问题是如何做到治理有效、如何维护乡村稳定、如何解决乡村发展的实际问题。基于农村现实情况，党的十九大报告提出健全自治、法治、德治相结合的乡村治理体系。

（1）建立自治制度

古往今来，基层一直在国家治理中发挥重要作用，在国家法治的保障之下，基层的自治在群众中影响力极大，正因如此，乡村自治能够为乡村发展、国家现代化治理发挥更多主观能动性。一是规范基层组织治理作用。在国家法律法规的允许范围内，依据实际情况制定村章村规，加强基层工作人员的职业道德教育，秉持一切为了人民和村民的利益不可侵犯的原则，充分发挥服务和引导作用，加强基层治理的规范性。二是引入社会组织治理机制。一方面，加强治理人才队伍建设，培养造就一支懂农业、爱农村、爱农民的“三农”工作队伍，让有想法、有能力、肯吃苦的知识分子参与乡村治理，鼓励青年用发展的眼光为乡村治理建言献策；另一方面，大力培育扶持公益性社会组织，通过政策引导、资金支持和融资优惠的方式，培育服务乡村发展的社会力量，扶持有资质、有专业、有行动力的公益性社会组织。三是搭建民主治理平台。村规民约的实施主体是广大村民，增加村民在民主制度制定时的话语权，提高村民对于约束机制的认可度，充分调动村民参与乡村治理的积极性，畅通村民和基层组织的沟通渠道，引导村民在乡村自治中体现主人翁意识。

（2）坚持法治基础

法治是民主治理最有力的支撑，对于乡村治理中遇到的痛点和难点，只有依靠成熟的法律体系加以解决，才能使民主自治制度发挥效用。一是强化依法行政。构建依法行政体系，强化国家政策的落实、法律制度的执行，明确各部门乡村法治的执行职责和标准，确保在乡村法治中有法可依、有法必依。二是强化法律监督。要保证司法公正，建立良好的监督执行机制，保障村民合理合法权益，一方面，加强组织内部的监督；另一方面，加强村民和外部单位的监督，通过内外部监督保证公正、有序的乡村法治。三是培养村民法律意识。在乡村治理中，法律法规最终要落实到乡村工作中，必然要求村民对法律法规抱有敬畏的态度并遵照执行，由于当前我国乡村地区教育资源的短缺和普法教育缺位，村民不懂法、不守法的现象屡有发生，对此，要通过宣传教育、职业教育、法律解读等多方面措施，加强对村民的法律意识培养。

（3）强化德治保障

法律与道德都是上层建筑的组成部分，法治起到的是约束和规范作用，德治起到的是保障和强化作用，从德治出发，将品德修养内化于心外化于行，是推动基层治理有效的内生动力。一是提升领导干部道德素养。对于深入基层工作的干部，尤其党员干部要充分发挥优秀品德的带头示范作用，定期加强对于领导干部的思想品德教育，制定领导干部思想品德考核机制，规范领导干部品行。二是强化村民道德规范意识。挖掘本地历史文化，将中华传统文化融入治理理念，合理利用媒体资源对中华民族传统美德进行宣扬，对道德意识薄弱的村民重点教育，不断提升村民思想道德水平。三是树立优秀道德典范。中国历史典故中有大量有关优秀品德的故事，全国各地有大量的道德先锋，村民中也不乏优良家风的代表，要通过校园教育、日常宣传来增加村民对道德典范的了解，提倡村民传承传统美德。

6.1.5 生活富裕是乡村振兴的主要目的

生活富裕，让农民真正过上好日子，是乡村振兴的出发点，也是落脚点。对于14亿人口的大国，打赢脱贫攻坚战不是终点，让14亿中国人民全部富裕起来才是最终目的。实现共同富裕的痛点和难点在于中国乡村，乡村振兴是实现共同富裕的必由之路，乡村振兴战略强调"坚持城乡融合发展"，畅通城乡要素流动，缩小城乡贫富差距便是城乡融合发展的重要体现，也是乡村振兴战略最本质的追求。

中国农村的特殊性决定了实现共同富裕的道路上会遇到许多阻碍，也决定了让农民生活富裕起来才是真正解决问题。现如今，农民生活质量已经得到改善，但是，农村"空心化"、城乡教育资源不均衡、农村就业机会少、农民增收渠道窄、改革渗透慢、农村金融环境差等多方面的因素制约着让农民富起来的目标。正确把握实现农民生活富裕的各项要求，持续推进城乡融合发展是带领农民致富的关键。

（1）夯实农民增收基础

人民收入是经济社会和谐稳定的核心，农民收入也是国家"三农"问题的核心。我们农村发展的初心和目标，就是让农民的"钱袋子"鼓起来。一是加大农业产业扶持力度。从国家层面来讲，农业产业是我国发展的支柱产业；从社会层面来讲，农业产业是保住人民饭碗、维护社会稳定的底子；从个人层面来讲，农业产业是许许多多农民世代挥洒汗水、播种希望的广阔天地。要时刻保持农业产业的重要地位不动摇，坚持农村是中国现代化的主战场，以财政、金融部门支持为号角，引领各类金融机构、社会组织和民间企业增加对于农业农村的资金投入，探索乡村金融生态发展的新路径，加大对农业产业的扶持力度，确保国家粮食安全，牢牢端稳"中国人的饭碗"，增强人民对于中国农业的发展信心。二是稳固农民就业基础。充分就业是农民摆脱贫困、劳动致富之本，要加大社会就业政策对农民的支持，保障农民充分就业，鼓励农民自主创业，拓宽农民经济来源渠道。三是助力农民转型过程。提升社会对农民这一职业的尊重和认同，农民转型要跟随国家现代化的脚步，从知识、技能、思想方面对农民进行专业培训和实践教育，提升农民专业素养，促进农民职业化转型。

（2）提升公共服务水平

实现生活富裕说到底是民生问题，解决民生问题就不得不说公共服务保障。我国公共服务保障体系较为完整，尤其是脱贫攻坚以来对于贫困人口的基本生活保障，然而，进一步推进公共服务高质量发展，才能为国家现代化和乡村发展蓄能。一是建立健全制度体系。推进国家基本公共服务标准体系的建立和完善，加大对于公共服务的财政倾斜力度，打破区域公共服务壁垒，畅通全国公共服务转接、承接渠道，为城镇居民和全体农民提供一个健全、完善的保障体系。二是稳固提升保障能力。培养有家国情怀、“一懂两爱”的公共服务人才，提升公共服务行业人员的收入保障水平，加快公共服务的数字化转型，简化公共服务申请办事流程，推动公共服务工作的全覆盖、零遗漏。三是推进城乡公共服务均衡发展。加快城乡资源均衡布局的同时，也要加快城乡公共服务的均衡发展。提升农村管理团队人员的综合素质，吸引专业领域人才投入农村公共事业，以更多的政策支持和法律法规为乡村公共事业发展护航，全面提升农村医疗、卫生、教育等领域的服务水平。

（3）加快推进各主体协同工作

实现农民的生活富裕的重任不止在乡村本身，还在于地区的协同发展。想要实现长久的富裕，农民的生活就要得到保障，农村的产业要得到扶持，农村的发展要得以规划，只有各类主体协同工作，才能使乡村振兴战略行稳致远。一是党建统领乡村发展。充分发挥基层党组织的战斗堡垒作用，以党建统领乡村发展，凝聚奋斗力量，这是乡村振兴七个坚持中“要坚持党管农村工作”的基本体现，特别是领导干部要在基层工作中始终践行共产党人的初心和使命。二是社会参与补齐短板。基础设施是地区发展的根基，资源不平衡是地区发展的壁垒，资金流动困难是地区发展的制约，对此，要动员社会各类组织，为农村地区注入更多支持力量，如加强基础设施建设，调动各类资源流入乡村，为乡村建设增加资金投入，为农村地区各项建设打通融资渠道等。三是创新引领提质增效。要充分认识到知识、科技的重要性，鼓励科研部门对于乡村的深入调研，为乡村发展规正方向；吸引创新型企业走入乡村，为乡村传统产业模式、生活模式、学习模式带来技术性创新；金融活则经济活，加强农村地区金融生态环境建设，倡导各类公益机构为乡村发展给予支持，推进乡村经济发展提质增效。

6.2 推进乡村振兴战略的具体措施

在承接落实国家乡村振兴战略“总要求”过程中，从省到村这五级，省市主要抓统筹、抓规划、抓政策引领，实施和具体操作在县乡村三级。具体的措施如下。

6.2.1 “软硬结合”抓乡村基础设施建设

近年来，随着支农资金投入的逐渐增多，随着农民收入水平的提升，对美好生活的需求在升级。

（1）乡村基础设施“硬”建设上

乡村产业发展对于新基础设施需求的扩展，如村庄停车场、垃圾处理设施、仓储物流、冷藏冷链等设施都需要更多的投入方能满足发展需求。

①村庄停车场：随着村民生活水平不断提升，乡村私家车、农用车保有量不断增加，很多村屯出现停车位紧缺、车子乱停乱放、停车难等问题。不少村集体已率先通过整合闲置场地、优化利用空地修建村屯微停车场；一些发达地区的村庄，通过引入第三方专业停车管理机构，打造路内路外停车一体化智慧停车全场景生态系统，改善村社区智慧停车环境，让群众停车更便捷。

②垃圾处理设施：住房和城乡建设部等六部门印发《关于进一步加强农村生活垃圾收运处置体系建设管理的通知》。统筹谋划农村生活垃圾收运处置体系建设和运行管理，推动农村生活垃圾源头分类和资源化利用，完善农村生活垃圾收运处置设施，提高农村生活垃圾收运处置体系运行管理水平，形成农村生活垃圾收运处置体系建设管理工作合力，助力乡村振兴。

③仓储物流、冷藏冷链：中共中央办公厅、国务院办公厅印发了《乡村建设行动实施方案》，通知要求，加快农产品仓储保鲜冷链物流设施建设，推进鲜活农产品低温处理和产后减损。面向农产品优势产区、重要集散地和主要销区，完善国家骨干冷链物流基地布局建设，整合优化存量冷链物流资源。围绕服务产地农产品集散和完善销地冷链物流网络，推进产销冷链集配中心建设，加强与国家骨干冷链物流基地间的功能对接和业务联通，打造高效衔接农产品产销的冷链物流通道网络。实施县域商业建设行动，完善农村商业体系，改造提升县城连锁商超和物流配送中心，支持有条件的乡镇建设商贸中心，发展新型乡村便利店，扩大农村电商覆盖面。健全县乡村三级物流配送体系，引导利用村内现有设施，建设村级寄递物流综合服务站，发展专业化农产品寄递服务。宣传推广农村物流服务品牌，深化交通运输与邮政快递融合发展，提高农村物流配送效率。

（2）乡村基础设施“软”建设上

以往侧重于提供货币性支持，现在要从提供服务上来解决当前乡村发展面临的基本公共服务问题，拓展基本公共服务的外延，农村基本公共服务的建设和供给标准要和城市保持一致，真正实现城乡一体化和融合发展，建设宜居宜业美丽乡村。

①教育：支持高中和中等职业学校的建设，避免优质生源过早流向城市。

②医疗卫生：加强县级医院建设，提升县级疾控体系建设，加强县域紧密型医共体建设，提升县级医疗卫生服务水平。

③养老服务：健全县乡村衔接的三级养老服务体系。

6.2.2 “因地制宜”发展现代高效农业

“产业振兴”以发展现代高效农业为统领，坚持质量兴农、绿色兴农、特色兴农。大力发展以新型职业农民、适度经营规模、作业外包服务、土地托管服务和绿色农业为主要内容的现代农业。

（1）推进现代农业产业园的建设，推动产业结构优化

现代农业产业园的建设，要因地制宜，基于事实做决策，不能搞“一刀切”。进一步推进建设国家现代农业示范区、农村一、二、三产业融合发展先到区项目、农村产业融合发展示范园、跨县集群产业园、功能性产业园、特色产业园。

聚力打造“一村一品、一宿一品、一镇一业”，由种养业为主，向种养、加工、服务等产业共同发展转变，通过产品、技术、制度、组织和管理创新，提高良种化、机械化、科技化、信息化、标准化、制度化和组织化水平，推动农业、林业、牧业、渔业和农产品加工业、旅游业转型升级，进一步推动产业结构优化，推进农业一、二、三产业融合，促进农业产业链延伸。加大发展新型农业经营主体力度，为农民创造更多就业和增收机会，更多更好惠及农村农民。

各县域要将农业全产业链条的主体留在县城，以县为单位创建农业现代化示范区，完善县乡村的三级农村物流体系建设。也要继续加强东西部地区全要素、全方位、全领域的合作，走出一条共赢、共富、共享的乡村振兴道路。

（2）试点田园综合体建设，促进三产融合

田园综合体建设，要以农民合作社为主要载体，农民可以充分参与并从当中受益。集循环农业、创意农业、农事体会三位一体，打造以田园产业为核心的多元产业圈层。同时也可以与教育部提出的“自然教育”相融合创新。

案例①：国家级乡村振兴标杆“鲁家村”的“公司+村集体+家庭农场”模式，是全国首批国家级田园综合体试点项目之一，通过盘活农村资产资源，吸引社会投资，以村集体资产公司为主要载体，将村经营性资产的80%，分给2000多名村民。放活经营权，村民变股民，村集体壮大了，农民富起来了。同时以鲁家村为龙头，联动周边3个村，规划面积55.78平方公里，总投资6.7亿元，将原本散落的小山村串联起来打造的“田园综合体”，实现“村域”大发展，助力乡村振兴。走出了家庭农场为特色的乡村旅游驱动，带动村庄建设、促进一、二、三产业融合发展的新乡村建设成功之路。村民收入明显提高，村民幸福感、自豪感、获得感、安全感都非常强。

另如民宿+：浙江莫干山、安徽潜山市。

案例②：潜山深挖天柱山山水优势，打造环天柱山民宿集群，相继建成海心谷竹海云端康养民宿、陋室邂逅依山傍水型民宿、牧羊河乡愁型民宿、纸岩中药养生型民宿和清然居古皖文化型民宿等；用好田园风光，打造特色乡村民宿集群，依托261个美丽乡村中心村和示范点，引导村级以土地、资金入股，引进公司集约化运营等方式，成片发展官庄德馨庄、槎水慢庄、望虎园林等一批“农旅结合型”田园乡村民宿群。民宿产业的发展，为潜山全域旅游注入了鲜活力量，又有效保护了潜山传统建筑文化。

6.2.3　数字化赋能乡村振兴——“互联网+三农”

持续推进农村电子商务与一、二、三产业融合发展、促进农村客货邮融合发展“两大融合”，加大力度实施“数商兴农”工程、“快递进村”工程、“互联网+”农产品出村进城工程三大强基固本工程，将进一步利于农业生产和农村消费的巨大潜能的释放，进一步推动“产业振兴”“生活富裕”取得新进展。通过对农业对象的实时监测与管理，依托数字技术建立乡村人居环境数据预警系统，结合动态数据和历史数据来监测污染物排放情况、分析污染源，有利于大力推进乡村生态环境整治工作，促进农村人居环境的改善，进一步实现“生态宜居”的发展要求。也可以通过数字基础设施将乡规民约可视化，让广大农民以微信群等便捷方式学习乡规民约，促进“乡风文明”的形成。而且可以利用数字化宣传社会主义核心价值观、中华优秀农耕文化。还可以通过数字化能够提高基层治理的透明度和公开度。提高基层乡村“治理的效率”，方便了农民的生活，提高农民参与乡村治理的积极性和参与度。

此外，基于物联网等技术的应用，农业领域已积累了大量的数据，大数据正驱动着农业发展路径发生变化，未来可在农场牧场的云端预警管理、气候监测、土壤抽样分析、精准农业、林业航空、自动化识别除草、农产品溯源等方面，提高农业效率，保障食品安全，实现农产品优质优价。

6.2.4　文化产业赋能乡村振兴

文化和旅游部等六部门联合印发的《关于推动文化产业赋能乡村振兴的意见》明确：“到2025年，文化产业赋能乡村振兴的有效机制基本建立……推出若干具有国际影响力的文化产业赋能乡村振兴典型范例。”

文化产业赋能乡村振兴要将历史传承、风俗民情、当地特色节庆特有的文化主题，同时将乡土文化，地域文化、历史文化、游憩文化等融进乡村振兴。文化产业赋能乡村振兴，既是文化、也是产业、还是生态，但归根结底是生活，根本在于村民内生力量的培育，即村民是否作为真正的实践主体参与到文化产业发展与乡村振兴建设的全过程中，这亦是乡村形成从“输血”“造血”到“活血”的关键。国内如“袁家村”民俗文化依托型的“产业化+合作社”模式，国外如日本岐阜已入选世界遗产的文化复兴型

“合掌村”都值得学习借鉴。

6.2.5　加强市场机制作用的发挥

在全面推进乡村振兴过程中，市场机制必须发挥更大作用。政府要更加注重服务职能的发挥，把精力更多地放在改善农村营商环境、加强农村市场监管、引导社会资金流入、加快职能转变等方面，才能真正实现政府推动引导、社会市场协同发力的局面。

6.3　落实乡村振兴战略的保障体系

如何实施“二十字”方针总要求？需要强化政策支持和要素保障，加强组织领导。建立乡村振兴的人才支撑、资金支持、产权制度、组织制度等保障体系。

6.3.1　建立乡村振兴的保障体系——人才支撑

乡村振兴关键在人，在人才。习近平总书记明确要求，要打造一支强大的乡村振兴人才队伍，在乡村形成人才、土地、资金、数据、产业聚集的良性循环。应把人才作为突破口和“牛鼻子”，建立健全相应的体制机制和政策体系，实施人才强村战略。

农业农村部公布关于印发《“十四五”农业农村人才队伍建设发展规划》《人才规划》根据不同人才队伍的功能定位，把农业农村人才划分为主体人才、支撑人才和管理服务人才，共3类10支人才队伍。例如，主体人才包括农村基层组织负责人、家庭农场主、农民合作社带头人，支撑人才包括农业科研人才、社会化服务组织带头人、农业企业家、农村创业带头人，管理服务人才包括农业综合行政执法人才、农村改革服务人才、农业公共服务人才。

（1）培育新型职业农民，发挥农民的主体作用

当前，国家倡导农民工返乡就业、返乡创业，培育新农民，带动农村产业发展和农民致富。需要制定具体的激励政策，吸引大学生、退伍军人、返乡农民工等建设家乡。培育一批“有文化、懂技术、善经营、会管理”有市场意识的新农民，成为发展现代农业的“生力军”。

各级地方政府要帮助“三农”根据当地的劳动、土地、数据等生产力要素，利用优势、聚焦特色，做好产业规划和引导，通过产业振兴提升乡村经济活力。继续用好公益性岗位和消费扶贫，带动农民增收致富。基层自治组织要完善“动员、协调、信息传递反馈”机制，帮助新农民“听得见”政策、“看得到”发展。平台型企业要积极履行社会责任，以数字赋能、新网工程等手段，推进城乡一体化建设。营造农村创业创新氛围，让农民发挥主体作用在数字乡村中，进行市场化的均衡匹配。让农民“看得清”供需、“摸得着”利益。

（2）加强农村专业人才队伍建设，输送农业科技力量

当前，我国一般农业整体上不缺惠民惠农政策、不缺技术、不缺人才、也不缺资金，缺的是将乡村振兴战略惠民惠农政策与各项生产要素流通整合的良性循环，以充分发挥我国农业大国的资源禀赋。发展现代新型农业乡村振兴，应以农村专业人才队伍建设为纽带，贯彻整合发展理念。应引导科研部门加大农业科技方面的研发力度，加快农业科研转化，推动产学研在农业领域的联动，并鼓励农业科研人员到农村创业。并培育一批农技农服人员，深入产地、种植基地，开展线上线下田间技术指导，帮助农户有针对性地做好良种筛选，统防统治，配方施肥，实现药肥一体化精细管理管护、农机作业。助力粮食生产和重要农产品有效供应，确保不误农时，顺利归仓，稳产丰收。强化技术模式集成示范，并做好示范田成功经验的宣传和推广，向现代农业输送科技力量。

案例③：“中农立华科技帮扶 高产示范助农增收”，三夏时节全国供销合作社系统大力开展农业生产社会化托管和农技服务。在严格落实疫情防控要求下，帮助农民和种粮大户开展配方施肥、统防统治、农机作业。位于河南省扶沟县的100多万亩小麦陆续进入收割期，麦田里召开的一场新麦高产示范田观摩吸引了不少农户，示范田成穗率以及千粒重，包括籽粒的饱满程度，决定了今年的高产稳产，亩增产能达到260元。增产的窍门是依靠科技。在供销总社科技帮扶团队的指导下，种粮用上了“卫星遥感监测”技术，农民靠一部手机，就可以实时监测掌握小麦长势；在小麦生产中的各个关键时期，科技团队通过线上线下多种方式，实现药肥一体化精细管理管护，让麦苗有个“好身体”，抗倒伏防早衰，最终实现稳产增产。多次测产显示，“示范田”预估亩产量可达到1180斤，但相邻的地块整体长势就要略逊一筹，预估亩产量1007斤，亩产量相差173斤。带动了当地4000多农户，预计能够增收600多万元。

数据来源于2022-06-03央视《朝闻天下》。

（3）明确高校在乡村振兴人才建设中的作用

2021年中央一号文件中明确提出了支持高校为乡村振兴提供智力服务。2018年，教育部发布了《高等学校乡村振兴科技创新行动计划（2018—2022年）》，要求高校服务乡村振兴的创新能力和质量显著提升，培养造就一支懂农业、爱农村、爱农民的人才队伍，使高校成为乡村振兴战略科技创新和成果供给的重要力量、高层次人才培养集聚的高地、体制机制改革的试验田、政策咨询研究的高端智库。很多高校，尤其是涉农高校都出台了本校支持乡村振兴的行动计划，比如中国农业大学出台了《中国农业大学服务乡村振兴战略实施方案（2019—2022）》，在全国建立了十个乡村振兴示范区，依托科技小院为乡村发展提供科技服务，设立乡村振兴人才培养专项等。

案例④：2020年由北京市委统战部牵头推动的“科技小院”在通州区落地，中国农业大学、北京市农林科学院的师生和科研人员驻扎小院、走进田间地头，送技术、抓培训。2021年中国农业大学的两名硕士研究生住进了西槐庄村的科技小院。从试种新品种番茄，到栽种吊蔓西瓜，再到管理西槐萝卜，每茬农作物的生长都有科技小院的保驾护航，为村民增收提供多一种选择。在科学管控下，科技小院第一年试种的番茄小获成功，此后收获的吊蔓西瓜、黄瓜、西槐萝卜也一销而空，2021年为村集体增收23万元。

6.3.2 建立乡村振兴的保障体系——资金支持

（1）中央地方各级政府的财政投入

我国农村人口众多，农业是国民经济的基础，也是国民经济的薄弱环节，农业部门生产效率低，许多农业投资项目，投资量大、投资周期长，投资后效益不容易分割。需要切实发挥财政职能作用，为乡村振兴发展提供强有力的资金保障。同时要加强资金监管深化绩效管理，提高资金的使用效率。

各省（自治区、直辖市）财政、农业农村部门认真落实财政部等七部门联合印发的《关于进一步加强惠民惠农财政补贴资金“一卡通”管理的指导意见》。

（2）创新金融产品和服务

中国人民银行、银保监会、证监会、财政部、农业农村部2019年1月29日联合印发《关于金融服务乡村振兴的指导意见》（以下简称《意见》）。《意见》强调，要坚持以市场化运作为导向、以机构改革为动力、以政策扶持为引导、以防控风险为底线，聚焦重点领域，深化改革创新，建立完善金融服务乡村振兴的市场体系、组织体系、产品体系，健全适合乡村振兴发展的金融服务组织体系，加大金融资源向乡村振兴重点领域和薄弱环节的倾斜力度，强化金融产品和服务方式创新，更好满足乡村振兴多样化融资需求，促进农村金融资源回流。

比如“中国农业社会化服务平台”上线的中国农业银行“土地托管贷”。又如“土流网”和支付宝研发了一款助力农民返乡就业创业的金融产品——“土流普惠”、21个省级农业农村部门与工商银行合作的“兴农撮合”等。

应鼓励保险行业创新涉农险种，提高对农保障水平。同时，通过政府直接出资为贫困户购买保险，为新型良种的推广提供政策性保险等，提高保险行业助农积极性。

（3）国有企业及社会资本

鼓励和支持国有企业与社会资本参与建设农业生产社会化服务体系，为专业大户、家庭农场、农民专业合作社、农业企业以及其他从事农业生产托管服务的组织，整合银行、保险、融资租赁等金融资源；整合粮商、农产品加工企业、农产品贸易企业等流通资源；搭建信息管控、服务平台，形成农业服务产业集群，打造为农服务产业生态圈，提供切实可行的资金解决方案。解决“谁来种地？怎么种好地？”的问题。最终实现政府满意、农民受益、系统发展的“三赢”局面。

6.3.3　建立乡村振兴的保障体系——产权制度

土地是农民的命根子，土地整治，是促进乡村振兴的重要基础平台。调研时村集体和农民群众普遍反映：在实行农村家庭联产承包责任之初，为体现公平原则，将耕地分级搭配，将整田整土划割为若干小块分给农户，导致每家每户承包经营的耕地很分散。随着时代变迁城镇化加速，承包地零散化给现代农业规模化集约化机械化生产带来了很大不便。

既要充分利用好土地资源，又要保障好农民权益，且在乡村振兴的开发建设中要严格落实耕地和永久基本农田，生态保护红线，城镇开发边界。需要建立一系列农村土地产权制度改革政策支持体系，健全农村土地管理制度，完善农村新增用地保障机制，盘活农村存量建设用地，以加强乡村振兴用地保障。

（1）主线："三权分置"改革与制度法制化

"三权分置"是指形成所有权、承包权、经营权"三权分置"，经营权流转的格局。重点是"放活经营权"，明晰赋予经营权应有的法律地位和权能。2018年12月29日，十三届全国人大常委会第七次会议表决通过了关于修改农村土地承包法的决定，落实第二轮土地承包到期后再延长30年的政策。将农村土地实行"三权分置"的制度法制化，以更有效地保障农村集体经济组织和承包农户的合法权益，同时也更有利于现代农业发展。

（2）防线：乡村振兴战略下农村宅基地制度改革

"安居乐业"要落实宅基地集体所有权，保障宅基地农户资格权，适度放活宅基地和农民房屋使用权。

农村宅基地制度改革规定，在城乡建设用地扩展边界外的传统农区，继续实行"一户一宅"、面积法定的宅基地分配制度。对人均耕地少，第二、第三产业比较发达的地区，实行相对集中建房落实"一户一宅"，原则上不再进行单宗分散的宅基地分配；而在城乡建设用地扩展边界内，政府或集体通过集中建设农村公寓、农民住宅小区，将法定面积宅基地等值转换为住宅，落实"一户一宅"。已没有新增宅基地可供分配的，农民集体可利用村庄存量建设用地，在政府支持下集中建设公寓式住宅，落实农村住房建设的宅基地权益。

（3）红线：落实"长牙齿"的耕地保护硬措施

"民以食为天，粮以土为本。"耕地是粮食生产的命根子，要采取"长牙齿"的硬措施，落实最严格的耕地保护制度。在耕地保护工作中，必须坚持18亿亩耕地红线"咬得牢"、耕地高质量建设发展"咬得紧"、破坏耕地的违法行为"咬得疼"，确保"18亿亩耕地必须实至名归"。

（4）建构统一的农村土地权利体系

当前农地、宅基地和集体建设用地功能不一，各自的所有权、使用权、收益权和转让权安排也差异极大，整个土地权利设置缺乏成体系的安排，导致各类土地的权利设置割裂，造成市场上各类土地权利之间矛盾丛生。

未来，仍需对产权制度进一步做探索，构建统一的农村土地权利体系。

6.3.4　建立乡村振兴的保障体系——组织制度

以往的乡村治理已积累了不少经验，但治理理念、治理方式、治理水平仍不适应乡村振兴的需要。实现乡村振兴总要求的关键，在于健全“自治、法治、德治”相结合的乡村治理体系，提高乡村治理能力。

（1）治理机制设计

健全乡村治理体系，需要从组织制度上进行设计，建立健全党委领导、政府负责、社会协同、公共参与、法治保障的现代乡村社会治理机制。要深入抓党建促振兴，选优配强乡镇领导班子特别是党政正职，持续优化村“两委”班子特别是带头人队伍。从五级书记“抓扶贫”转向“抓乡村振兴”，继续选派第一书记和工作队驻村开展工作。

（2）基层自治实践探索

健全乡村治理体系，需要组织专门力量进行基层探索，深化村民自治实践，发展农民合作经济组织，引导村民实现自我管理、自我服务、自我教育、自我监督，提升村民自治能力，助力乡村振兴。“合寨精神”历久弥新，要将全国不同类型的地区研究剖析一批典型案例，从中总结比较成熟的经验，在适宜的区域推广。

（3）选拔干部实绩考核

建立市县党镇领导班子和领导干部推进乡村振兴战略的实绩考核制度，考核重点放到营商环境的改善上来，快速推进城乡公共服务均等化、政府管理服务质量提升和农村市场体系的完善。并将考核结果作为选拔任用领导的重要依据。以考核促担当，以考核促落实，以考核促创新，保障乡村振兴战略全面落地。

第7章

Chapter 7

金融对于乡村振兴的现实意义

民族要复兴，乡村必振兴。“十三五”时期，我国现代农业建设取得重大进展，脱贫攻坚战取得全面胜利，乡村振兴实现良好开局。同时，也要看到，全面建设社会主义现代化国家，实现中华民族伟大复兴，最艰巨最繁重的任务依然在农村，最广泛最深厚的基础依然在农村。伴随着工业化和城镇化的快速推进，大量农村青年劳动力涌入城市和非农业部门。随着农村劳动力从农村向城市进行转移，我国农业生产的要素投入方式发生了巨大变化，土地流转加快、农业资本不断深化，新型经营主体不断涌现。新型农业经营主体为扩大生产规模、改善基础设施与生产条件需要大量的资金投入，现有的小额信用、联保农贷业务难以满足其巨大的资金需求。随着农业农村发展过程中资金需求不断增长，金融支农力度不足越来越成为农业现代化的瓶颈，同时农业生产自身所具有的高风险性、分散性、微利性等特殊性，决定了农村金融发展始终存在市场失灵问题。

党的十九大报告中明确提出乡村振兴的战略方针，即“产业兴旺、生态宜居、乡风文明、治理有效、生活富裕”。因此，乡村振兴是指广义上乡村的整体振兴，是工农城乡关系的重构，是劳动力、土地、资本和信息等生产要素在城乡之间的再次优化配置。乡村振兴离不开金融“活水”，所以如何利用金融盘活“三农”发展，逐步、有效、平稳地实现乡村振兴，需要我们透彻认识金融推动乡村振兴的深刻内涵和现实意义，以及迫切构建成熟农村金融服务机制的必要性和重大意义。

7.1 总体思路

以习近平新时代中国特色社会主义思想为指导，深入贯彻落实党的二十大、党的十九大和十九届二中、三中、四中、五中全会精神，立足新发展阶段，贯彻新发展理念，构建新发展格局，按照党中央、国务院关于巩固拓展脱贫攻坚成果、全面落实乡村振兴的决策部署，坚持以服务乡村振兴统揽新发展阶段，推动农村金融全力服务脱贫攻坚成果，乡村振兴有效衔接农业现代化、农业农村建设、区域协调发展和生态文明建设等重点领域，坚持高质量发展政策，争当农村金融服务巩固拓展脱贫攻坚成果、全面推进乡村振兴的先锋主力模范。

7.2　深刻内涵和现实意义

7.2.1　农村金融是推动乡村振兴的重要力量

金融是现代经济发展与管理的杠杆，乡村振兴的目标和任务的实现，在很大程度上依靠和取决于农村金融的完善和壮大，取决于农村金融的改革与创新，取决于农村金融的支持与力度。这也决定了农村金融要认真发挥好“毛细血管”作用，在保持金融服务稳定连续的同时，进一步加强对农民“面对面”的金融服务，向农业农村改造进行“输血”，不断扩大金融服务覆盖面，精准对接金融需求，提升农村自身的“造血”能力，让普惠金融服务落实到“最后一公里”。

（1）农村金融为农村基础设施建设提供充分保障

农村金融大力支持农村改厕、生活垃圾处理、污水治理、村容村貌提升等重点领域，大力支持农村道路、桥梁隐患排查整治等，补齐县域交通短板。对接支持重大水利工程、国家水网、防洪工程等聚焦公共服务设施、环境基础设施、市政公用设施等领域建设任务，为农村基础设施建设提供充分保障。

（2）农村金融对农业可持续发展提供有力引导

2014年中央一号文件要求“推进农业科技创新、建立农业可持续发展长效机制”。在政策的支持引导和市场需求压力下，新型农业经营主体转变发展方式的积极性明显提高。

（3）农村金融对现代农业投融资的市场失灵进行弥补

我国农业正处于由传统小农经济向规模化现代农业转型过程中，转型升级需要资本投入的支持，但农业现代化投资规模大、回收期长、农业资产可流动性差等特点以及服务成本高、金融机构下沉难的问题，使其投融资存在严重的市场失灵而制约现代农业发展，通过农村金融差异化支持政策，分类优化调整投资的倾斜程度和力度，大力支持现代农业投融资的市场建设。

根据数据测算，落实乡村振兴战略规划五年重点任务大约需要资金7万亿元以上。如此庞大的资金需求：一是从客观上决定了农村金融在乡村振兴中的战略定位与作用，即是农村金融要在新时代的乡村振兴、脱贫攻坚和全面建成小康社会中有新作为、新使命、新贡献，否则就失去了农村金融的根本宗旨和意义。农村金融在乡村振兴中处于重要的战略地位，既不能缺位，更不能错位。因此需要做好财政、税收、人才、科技和农村金融乡村振兴政策的顶层设计，要从乡村振兴战略的全局和任务出发，创新、强化、壮大农村金融，充分发挥农村金融对乡村振兴的重要作用；二是乡村振兴对农村金融的需求呈日益增长态势，这是由乡村振兴的总要求、总任务、总目标决定的。乡村振兴是世纪性、时代性的宏伟工程。为了实现乡村振兴的总要求，为了实现农业农村两个现代化的总目标，为了实现“五个振兴”“四个优先”“三个全面”发展，就迫切需要农村金融的支持；三是乡村振兴的本质特征是实现现代化，具体体现在农业农村现代化、乡村治理现代化、人的全面发展上，这也是我国现代经济体系和国家现代化建设的重要组成部分。越是实现现代化资本有机构成越高，对财政、金融等投资的需求就越大。农村金融是乡村振兴的重要杠杆，做好农村金融就是为精准扶贫脱贫攻坚提供有力支撑，为实现农村建成全面小康提供巨大动力。

7.2.2 农村金融改革是乡村振兴的必经之路

农村金融作为支持乡村振兴的主力军和中坚力量，要在满足农业农村现有金融需求的基础上，精准对接好乡村振兴阶段金融需求出现的新变化。

一是新型城镇化进程中形成的新需求。随着城镇化和三产融合的推进，县域中的农村转移人口、小微企业、涉农企业、创业者的消费、生产、投资等多样化金融需求必然逐步增加。二是农业产业组织形式与生产方式变革中形成的新需求。随着传统农业逐步向现代农业转型，小农生产逐步向产业化生产转变，新型农业经营主体迅速增长、农业适度规模经营趋势日益显著、现代农业新业态不断涌现，农业生产对资金需求必然显著高于传统小农生产，对金融的依赖度必将进一步上升。三是传统农户与新脱贫人口的新需求。随着农业生产方式的变革，传统农户必然要逐步通过订单农业、入股分红、托管服务等方式将小农生产融入农业产业链中。小农户与大市场之间的有效衔接程度日益提高，对农村金融需求形态发生了较大变化。同时，随着脱贫攻坚的有效推进，农村绝对贫困人口日益减少，相对贫困农户仍存在，农村基本的普惠金融需求将长期存在。

面对新农村金融需求变化，推进农业农村现代化建设、实现乡村振兴，很大程度依赖于农村金融对于乡村振兴支持力度不断加大，投入总量持续增加，服务方式加快改善。这需要涉及完善的动力机制、兼具市场化和人性化的再分配机制、全方位的投融资体系建设机制，推动农村金融改革向深度和广度拓展。而农村金融改革的重点需要从服务主体、服务客体、服务方式入手，多管齐下，做好农村各类资源配置，明确各方基本职能，理顺政府、银行、企业三者之间的关系，突出各自投入的重点，形成支持乡村振兴的合力。

（1）服务主体改革

服务主体方面要发挥各农村金融机构的比较优势。从我国农村金融市场结构看，财政资金、金融资金和社会资本都是推动农业农村发展的主要资金来源，而银行等金融机构依然是资金供给的主力。由于我国银行机构种类多元，不同类型的银行机构在服务两大战略有效衔接中的优势不同。各家银行需要找准自身定位，基于各自优势开展合作，才能形成金融服务脱贫攻坚和乡村振兴的最大合力。一是政策性银行使命责任明确、不以营利为目的、资金成本较低，要围绕农村土地制度改革做文章，聚焦农业农村现代化发展的薄弱环节，强化金融服务方式创新，加大对乡村振兴中长期信贷支持。二是大型国有商业银行资金雄厚、业务种类齐全、人才储备丰富，要发挥好国有大型银行的引领作用，大力发展普惠金融业务，加大“三农”特色产品创新和整合力度，大力支持民营企业发展，推动乡村振兴的商业可持续发展。三是邮储银行、农村信用社、农村商业银行以及村镇银行等中小型地方金融机构根植于县域经济，利用在乡村网点多、人脉熟，信息链条短，决策效率高等优势，做好支持乡村振兴和最贴近农户的金融工作。

（2）服务客体改革

经济发展离不开资本要素的投入。截至2020年底，我国取得了举世瞩目的成就，在现行标准下，9899万农村贫困人口全部脱贫，832个贫困县全部摘帽，12.8万个贫困村全部出列，区域性整体贫困得到解决，完成了消除绝对贫困的艰巨任务。但当前我国普惠金融体系还很落后，很多地区农村金融需求无法得到满足。贫困摘帽不是终点，而是新的起点，只有着眼解决发展的不平衡不充分、消除城乡二元结构，扶贫后期农村金融必然要适时将特惠扶持向普惠支持转变，不断提高金融产品在总人口中的渗透率，确保绝大多数民众能够享受到基本金融服务，从而缩小收入差距，保障社会公平。一是要积极利用金融科技，提升金融大数据处理能力，推动农村互联网金融发展，打破传统金融物理网点局限，为小微企业、农民、城镇低收入人群等受金融排斥群体提供更加灵活和个性化金融产品。二是要进一步完善农业信贷担保体系，创新财政、金融、社会资本协同支农的机制，通过政府授权经营、PPP等模式，推进深度合作，形成支持合力，切实破解农业融资难、融资贵问题。

（3）服务方式改革

服务方式方面要立足县域经济特点实施差异化措施。乡村普遍不具有完备的综合经济体系和发展平台，而乡村周边的县城、小城镇拥有功能相对完备的综合经济体系，能够为乡村产业发展提供空间载体和纽带，要立足县域谋划工作，根据县域经济特色制定差异化支持战略，推动县域间、县域和中心大城市间形成高低互补、错位发展的垂直分工格局。

一方面，要坚持“点线面”结合。一是在“面”上要聚焦补齐农业农村发展短板。积极对接国家政策，瞄准市场不能有效配置资源、需要农村金融支持引导的公共领域，以及农民日益增加的到县城就业安家需求，大力提升县城公共设施和服务能力。二是在“线”上要推进金融服务的全产业链支持。一、二、三产业融合，产供销一体，产业链、价值链和供应链“三链同构”是乡村产业振兴的基本方向。三是在“点”上要注重发挥县域间的协同带动作用。经过多年发展，县域经济发展表现出明显的差异性，有的突出商贸、有的突出加工业、有的突出农业，相邻县域在地理上集中，产业链条相互交织，生产商、供应商、服务商等相互关联。农业政策性银行要立足当地县域经济特点，注重发挥县域间的协同带动作用，推动具有优势产业的县域更多地参与域外经济循环，促进产业深度融合，破解农业产业链条较短、效益不高等问题，促进农业高质量发展。

另一方面，要因地制宜、分类施策。信贷资源是有限的，而乡村振兴的资金需求是巨大的，加快推动乡村振兴必须要分类施策、突出重点。要创新开展产业带动贷款，对旅游扶贫贷款、产业扶贫贷款等产品进行优化，进一步明确产品名称、产品政策、支持范围等，满足新阶段产业的实际需求。优化农业农村基础设施建设信贷政策，在风险可控的前提下，根据借款人资信状况和偿债能力、项目建设进度、投资回报周期等因素，适当延长支持特定领域贷款等营销产品的还款期限。

7.2.3　乡村振兴的本质是实现共同富裕

推动共同富裕是社会主义的本质要求。马克思、恩格斯经过长期理论探索与实践，提出了共同富裕是人类社会发展的必然趋势，是社会全面发展的必要基础。习近平总书记指出，共同富裕是马克思主义的一个基本目标，也是自古以来我国人民的一个基本理想。党的十八大以来，党中央把逐步实现全体人民共同富裕摆在更加重要的位置，采取有力措施保障和改善民生，打赢脱贫攻坚战，全面建成小康社会，为促进共同富裕创造了良好条件。

当前，我们正在向第二个百年奋斗目标迈进，为了适应我国社会主要矛盾的变化，更好满足人民日益增长的美好生活需要，就必须把促进全体人民共同富裕作为一项艰巨的任务去完成。做好乡村振兴，是为了更好、更快、更平稳地实现共同富裕，作为我国推进现代化建设的重要奋斗目标，要在找准发力点的基础上，把实现“两高两均衡”（“两高”即高品质生活和高质量发展，“两均衡”即城乡区域发展、收入分配相对均衡）作为推进共同富裕的重要路径。乡村是中国的根，实现共同富裕就是要留住乡村“暧暧远人村，依依墟里烟”的美丽风光和“开轩面场圃，把酒话桑麻”的和乐景象，要通过农村金融的“流通”让人才、土地、资本以及数据等新型生产要素在城乡间双向流动，深度融合。

（1）实现共同富裕，就要解决“吃饱、吃好”的问题

粮食安全事关民生大计，让人民群众“吃得饱、吃得好”是实现共同富裕的重要基础。以中国农业发展银行为例，作为服务国家粮食安全的国有政策性银行，应充分发挥“粮食银行”品牌优势，全力保障政策性收储信贷资金供应，确保农民不出现卖粮难问题，维护主要农产品市场稳定。在此基础上，进一步围绕“粮头食尾”，大力支持农村地区因地制宜发展粮食产业，提高产业附加值，助推农村地区尽可能把产业链条留在当地，形成种植、仓储、加工、流通、供销一体的粮食全产业链。同时，探索支持海洋渔业等食品工业发展，提高居民蛋白质摄入量，支持高标准农田建设、农村土地流转和规模化经营，持续支持农村土地提升品质和农业生产集约化水平，保障人民群众在共同富裕的道路上既能吃饱、也能吃好。

（2）实现共同富裕，就要解决“返贫、造血”的问题

习近平总书记强调，没有农村的小康，特别是没有贫困地区的小康，就没有全面建成小康社会。从“全面小康”到“共同富裕”，其中重要的一条就是增强脱贫地区造血能力，防止出现返贫。应深入践行“两山”理论，聚焦绿色产业加大信贷支持力度，突出支持农村生物质能源建设、乡村清洁能源建设等能源领域，积极支持储备林、生态林、碳汇林等固碳项目，加强农村污染治理和生态环境保护，将农村绿色资源变为资产，将“绿水青山”变成带动农民增收的“金山银山”。通过农村金融支持壮大集体经济，加快研究乡村联合体、“飞地抱团”等新模式新业态，同时应根据各地资源禀赋，积极对接乡村特色产业规划，加大对脱贫地区产业后续长期培育的支持力度，大力支持经营效益良好、带贫成效明显的产业扶贫企业，重点支持特色种养业、农产品加工业等传统产业发展，积极支持扶贫车间等劳动密集型产业，支持产业融合、新能源产业、乡村旅游等新兴产业、新型业态在贫困地区落地不断拓宽乡村居民财产性收入。通过农村金融支持新型城镇化，推动农民就近就地就业，推动广大农村地区，特别是脱贫地区加快实现共同富裕。

（3）实现共同富裕，就要解决城乡区域发展相对均衡的问题

当前，我国发展最大的不平衡是城乡发展不平衡，最大的不充分是农村发展不充分，推动城乡区域协调发展实现共同富裕，就是要推动城市资源要素向农村延伸，城市文明向农村传播，补齐乡村公共服务短板，实现协调发展“一张图”、基础设施“一张网”、公共服务“一个圈”。一是构建基础设施一体化新格局，支持农村地区建设一批交通、水利、电力、通信网络等区域性和跨区域重大基础设施，积极对接国家乡村建设行动工作部署，支持因地制宜实施农村厕所革命、生活垃圾和污水治理、村容村貌提升，持续支持建设“四好农村路”，系统性增强农村内生动力，推动形成农业农村高质量发展新局面。二是推动高品质公共服务有效供给，持续支持脱贫地区教育、医疗等公共服务水平改善和提升，重点支持改善义务教育办学条件，加强乡村寄宿制学校和乡村小规模学校建设，重点支持职业院校（含技工院校）基础能力建设。持续支持县乡村三级医疗卫生服务设施建设和疾病预防控制机构条件改善，提升服务能力和水平。丰富数字化在公共服务的应用场景，弥补乡村教育、人才、医疗等资源不足问题。

7.2.4 乡村振兴的重点在于助推“三农”发展

实现共同富裕，必须要把“三农”经济发展的“蛋糕”持续做大、做强、做优，这样才能实现“大河有水小河满”，才能稳住“三农”工作基本盘，稳住经济社会发展大局，实现共同富裕才有稳固基础。要加强农村基础设施和公共服务体系建设，改善农村人居环境，增强区域发展平衡性，推动实现更高质量、更有效率、更加公平、更可持续、更为安全的发展，在“三农”高质量发展中促进共同富裕。

当前，正值接续推进乡村振兴到共同富裕的有效衔接阶段，实施乡村振兴战略，是党中央着眼于实现“两个一百年”奋斗目标作出的重大决策，是新时代做好“三农”工作的总纲领和总抓手。立足新发展阶段，重要任务之一就是抓紧抓实“三农”工作，特别是要切实做好巩固拓展脱贫攻坚成果同乡村振兴有效衔接，让脱贫基础更加稳固、成效更可持续，进而加快农业农村现代化步伐，全面推进乡村振兴。

7.2.5 做好乡村振兴是履职担当的重要体现

推动共同富裕，短板弱项在农业农村，发展潜力也在农业农村。在促进农业农村实现共同富裕的道路上，始终需要金融力量的大力支持，特别是农村金融支持。全面建成小康社会之后，实施乡村振兴战略是我国在新发展阶段缩小城乡差距、促进城乡人民共同富裕的重要举措。全力服务乡村振兴是农村金融的职责所系、使命所在，加快农业农村现代化，实施乡村建设行动，提高农业质量效益和竞争力，实现巩固拓展脱贫攻坚成果同乡村振兴有效衔接，把脱贫攻坚取得的宝贵经验转化运用到促进共同富裕上来，实现脱贫群众与全体人民一道走向共同富裕。

第8章

Chapter 8

金融如何助力乡村振兴

金融是现代经济的核心。金融活，经济活；金融稳，经济稳。全面推进乡村振兴离不开金融的有力支撑。当前，农村金融发展水平不高，已经成为制约做好“三农”工作和推动乡村振兴的痛点、难点。因此，金融应该在货币政策、资本市场、信贷政策、保险市场和金融科技等多维度、全方面地服务农业现代化、服务实体经济，不断推动金融资源更多向“三农”倾斜。

8.1 货币市场

8.1.1 下调存款准备金率

存款准备金，是指金融机构为保证客户提取存款和资金清算需要而准备的在中央银行的存款，中央银行要求的存款准备金占其存款总额的比例就是存款准备金率（deposit-reservation），如图8-1所示。下调存款准备金率，就会向社会释放货币供应量。

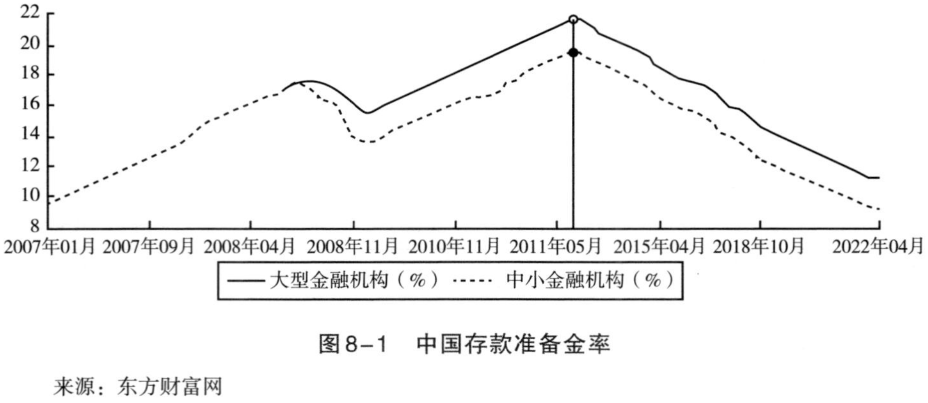

图8-1 中国存款准备金率

来源：东方财富网

表 8–1　　中国存款准备金率

公布时间	生效时间	大型金融机构			中小金融机构		
		调整前	调整后	调整幅度	调整前	调整后	调整幅度
2022年04月15日	2022年04月25日	11.50%	11.25%	–0.25%	9.50%	9.25%	–0.25%
2021年12月06日	2021年12月15日	12.00%	11.50%	–0.50%	10.00%	9.50%	–0.50%
2021年07月09日	2021年07月15日	12.50%	12.00%	–0.50%	10.50%	10.00%	–0.50%
2020年01月01日	2020年01月06日	13.00%	12.50%	–0.50%	11.00%	10.50%	–0.50%
2019年09月06日	2019年09月16日	13.50%	13.00%	–0.50%	11.50%	11.00%	–0.50%
2019年01月04日	2019年01月25日	14.00%	13.50%	–0.50%	12.00%	11.50%	–0.50%
2019年01月04日	2019年01月15日	14.50%	14.00%	–0.50%	12.50%	12.00%	–0.50%
2018年10月07日	2018年10月15日	15.50%	14.50%	–1.00%	13.50%	12.50%	–1.00%
2018年06月24日	2018年07月05日	16.00%	15.50%	–0.50%	14.00%	13.50%	–0.50%
2018年04月17日	2018年04月25日	17.00%	16.00%	–1.00%	15.00%	14.00%	–1.00%
2016年02月29日	2016年03月01日	17.50%	17.00%	–0.50%	15.50%	15.00%	–0.50%
2015年10月23日	2015年10月24日	18.00%	17.50%	–0.50%	16.00%	15.50%	–0.50%
2015年08月25日	2015年09月06日	18.50%	18.00%	–0.50%	16.50%	16.00%	–0.50%
2015年04月19日	2015年04月20日	19.50%	18.50%	–1.00%	17.50%	16.50%	–1.00%
2015年02月04日	2015年02月05日	20.00%	19.50%	–0.50%	18.00%	17.50%	–0.50%
2012年05月12日	2012年05月18日	20.50%	20.00%	–0.50%	18.50%	18.00%	–0.50%
2012年02月18日	2012年02月24日	21.00%	20.50%	–0.50%	19.00%	18.50%	–0.50%
2011年11月30日	2011年12月05日	21.50%	21.00%	–0.50%	19.50%	19.00%	–0.50%
2011年06月14日	2011年06月20日	21.00%	21.50%	0.50%	19.00%	19.50%	0.50%
2011年05月12日	2011年05月18日	20.50%	21.00%	0.50%	18.50%	19.00%	0.50%

来源：东方财富网

2012—2021年，我国存款准备金率一直处于下降的趋势。大型金融机构存款准备金率从2012年初的21%下降到2021年底的11.5%（如表8–1所示），年均复合下降率约0.06%；中小金融机构从2012年初的19%下降到2021年底的9.5%，年均复合下降率约0.07%。十年来，我国存款准备金率共进行了16次调整，全部是下调，其中有3次明确提出支持农业、农村和中小微企业的发展。

以中国人民银行（以下简称央行）2022年4月下调存款准备金率为例，央行决定自2022年4月25日起，全面下调金融机构人民币存款准备金率0.25个百分点（不含已执行5%存款准备金率的金融机构）。为加大对小微企业和“三农”的支持力度，对没有跨省经营的城商行和存款准备金率高于5%的农商行，在下调存款准备金率0.25个百分点的基础上，再额外多降0.25个百分点。此次降准释放长期资金约5300亿元，降准后金融机构加权平均存款准备金率为8.1%。此次降准的目的：一是优化金融机构资金结构，增加金融机构长期稳定资金来源，增强资金配置能力，加大对实体经济的支持力度；二是引导金融机构积极运用降准资金支持受疫情严重影响行业和中小微企业；三是此次降准降低金融机构资金成本每年约65亿元，通过金融机构传导可促进降低社会综合融资成本。

通过下调金融机构人民币存款准备金率，优化了存款准备金政策框架，执行了差别化存款准备金率政策，促进了综合融资成本稳中有降，支持了农业、农村等小微实体经济的发展，引导了机构法人在县域、业务在县域、资金主要用于乡村振兴的地方法人银行释放更多资金投入乡村振兴领域。

8.1.2 下调支农、支小再贷款利率

再贷款是央行贷款的简称，是指央行对金融机构的贷款，再贷款是央行调控基础货币的渠道之一。再贷款是一种带有较强计划性的数量型货币政策工具，具有行政性和被动性，新增再贷款主要用于促进信贷结构调整，引导扩大县域和“三农”信贷投放。再贷款率即商业银行向央行贷款的利率，是央行的货币工具之一，降低再贷款率则是中央扩大银根的标志，会增加全国的信贷规模。

再贷款政策的主要特点是专项性和利率低。专项性是指再贷款主要用于国家大力扶持的产业，如疫情期间，央行先后安排了3000亿元专项再贷

款、5000亿元再贷款再贴现额度、1万亿元再贷款再贴现额度共计1.8万亿元，支持抗疫保供、复工复产和中小微企业等实体经济发展。

利率低是再贷款政策的另一个特点。表8-2、图8-2是再贷款利率和贷款市场报价利率的对比，一年期支农、支小再贷款率是同期限贷款市场报价利率的54%。另外对于再贷款，一般还有财政贴息的补助，这样进一步降低了用资成本。

表8-2　　中国人民银行再贷款、再贴现利率表
（自2021年12月7日起执行）

	利率
一、再贷款	
1.支农、支小再贷款	
其中：3个月	1.70%
6个月	1.90%
1年	2.00%
2.金融稳定再贷款	1.75%
其中：延期期间	3.77%
二、再贴现	2.00%

来源：中国人民银行

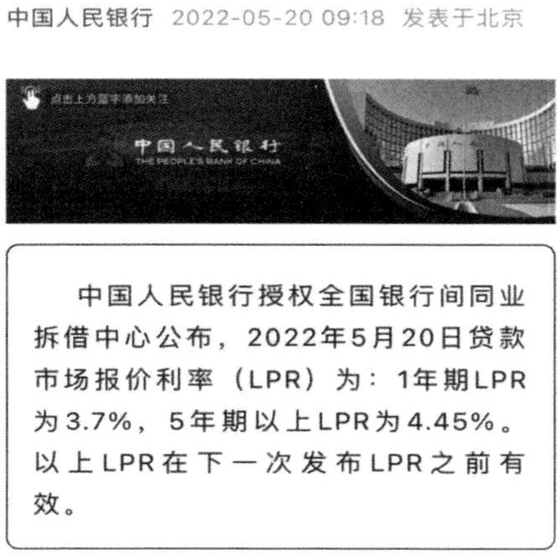
中国人民银行　2022-05-20 09:18　发表于北京

中国人民银行授权全国银行间同业拆借中心公布，2022年5月20日贷款市场报价利率（LPR）为：1年期LPR为3.7%，5年期以上LPR为4.45%。以上LPR在下一次发布LPR之前有效。

图8-2　2022年5月20日贷款市场报价利率（LPR）

来源：中国人民银行2022年5月20日9：18于官方微信发布

央行下调支农、支小再贷款利率体现了货币政策的针对性和有效性，有助于降低中小银行的资金成本，进而引导中小银行降低“三农”和小微企业贷款利率，更好地发挥货币政策“精准滴灌”和“直达实体”的作用。

8.2 资本市场

8.2.1 行业情况

农业是国民经济中一个重要产业部门，属于第一产业，如图8-3所示，是以土地资源为生产对象的部门，它是通过培育动植物产品从而生产食品及工业原料的产业。农业，广义农业是指包括种植业、林业、畜牧业、渔业、副业五种产业形式；狭义农业是指种植业，包括生产粮食作物、经济作物、饲料作物和绿肥等农作物的生产活动。

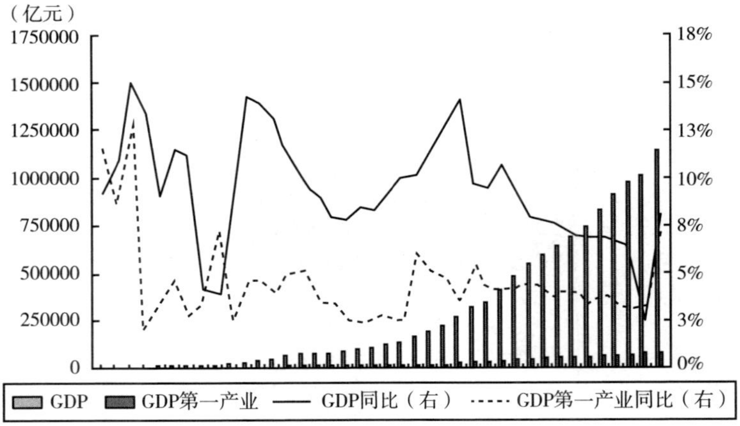

图8-3 中国GDP与第一产业

来源：Wind

我国是个农业大国，农业在中国的经济发展中占有举足轻重的地位与作用，如图8-4所示。用各种指标所衡量的农业在国民经济中的产业地位在不断下降，这是符合经济发展规律的。农业作为解决人们基本生活需求的基础产业，在国民经济发展中具有不可替代的基础地位。尽管农业增加值在国内生产总值和农业劳动力在社会劳动力总量中的比重呈现出逐步下降的趋势，这种情况并不能说明农业在国民经济中的基础地位在下降。应当明确，农业在国民经济中的基础地位是与生俱来的，是由农业的产业功能决定的。农业的最大功能是解决人们的吃饭等基本生活问题，这是任何其他产业都无法替代的。现代化水平的提高必然导致人们生活质量的不断提高，进而导致对农业的多种需求越来越高，从而要求农业的基础地位不断得到巩固和加强。

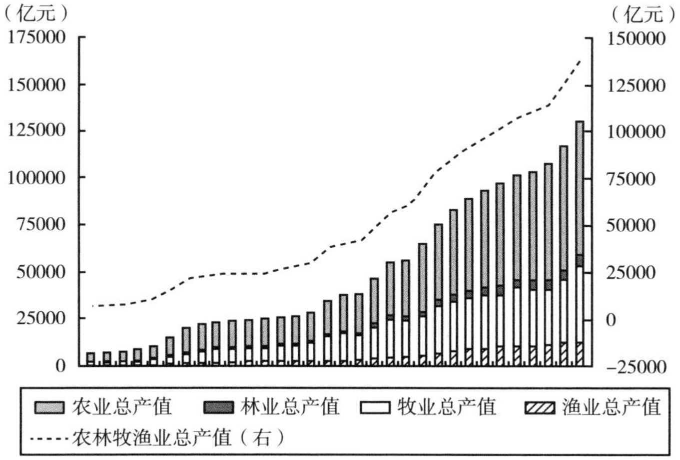

图8-4　中国农业总产值

来源：Wind

8.2.2　股票市场上应大力推动乡村振兴的企业上市，并发挥龙头企业带头作用

作为资本市场的参与主体，上市公司在促进乡村振兴中发挥着重要作用。但是近年来，农业板块上市公司数量相对较少，股票市场融资功能有

较大的发挥空间。据Wind数据统计，截至2022年5月31日，按照证监会行业分类，A股中，共有48家农林牧渔行业上市公司，仅占A股上市公司总数的1%；其中种植业17家、林业4家、畜牧业18家、渔业8家、服务业1家，总市值为5623.488亿元，占A股总市值的0.7%。

为了建立健全多层次资本市场，有关板块应该大力推动立足"三农"或助力农产品加工企业发行上市。现代农业产业化是从农业起步的，加工环节是关键，就长期发展而言，农产品加工企业在农业产业化链条中起着重要的带动作用。农产品加工业发展了，自然能带动农产品生产与销售行业的兴旺。当前我国农产品加工业的滞后，是我国农业比较效益低下的一个主要原因。充分利用资本市场，引导更多的社会资金投向农产品加工业，对于提高农业产品附加值，促进农业产业化的发展，有着事半功倍的效果。因此，股票上市相关管理机构和各级政府要积极支持一些业绩好、符合产业政策、有利于"三农"或高新技术发展的农业类企业，特别是棉、油、肉等大宗作物主产区的农业类企业和有一定规模的农产品加工企业上市，作为发起人或主要股东应通过改制和资产重组成立股份制公司上市。

这些公司上市发行会获得跨越式发展机会，更为重要的是，资本市场可以跨期估值，可以引导有关上市公司服务前景广阔的农业现代化和科技化。此外，资本市场对于社会责任的重视，会推动上市公司主动服务乡村振兴。但农业作为国民经济的重中之重，也应该警惕资本的无序扩张，威胁到我国粮食安全。

8.2.3 债券市场，进一步加快推进乡村振兴债券的发行

发行债券是融资的手段，用以解决营运资金不足。尤其是在经济不景气周期、农业公司上市困难、融资渠道少、融资成本高的当下，发行债券将会对于乡村振兴的扶持力度有望进一步加强。

在众多类型的债券中，乡村振兴债值得大家关注。在当前严厉整顿地

方隐性债务的环境下，乡村振兴是为数不多的受到政策支持和资金倾斜的领域，值得有相关需求的市场融资主体抓住相关机会发债融资。承担乡村振兴等重要建设项目的城投公司，尤其是主体评级AA及以下的城投发行人，在交易所公司债政策收紧后如果发行遇阻，或许乡村振兴债是一个新的出路。截至2022年6月5日，据Wind数据统计，有关乡村振兴债共发行755批次，金额达46200亿元。

乡村振兴债作为新起之秀，有了政策的大力支持，市场接受度更高，或将迎来密集发行。但其中乡村振兴公司债因受到政策收紧影响，且目前尚未出台专门的指引，发行量预计较少，而乡村振兴票据、乡村振兴地方政府专项债和“三农”专项金融债相对成熟，或将延续目前走势，继续保持增长趋势。

证监会日前在回复《关于农业产业化龙头企业发行乡村振兴专项公司债券用于支持乡村产业振兴的建议》中明确表态“将加快推出乡村振兴公司债券”。证监会称，将贯彻党中央、国务院关于巩固拓展脱贫攻坚成果同乡村振兴有效衔接等决策部署，加快推进乡村振兴公司债券有关工作，充分发挥交易所债券市场作用，接续推动脱贫地区发展和乡村全面振兴。

乡村振兴需要资本的力量，债券融资是乡村振兴的重要抓手。公司债和资产支持证券的发行，通过把乡村发展未来和贫困地区现有资源进行资本化，让有关项目切实获得资金。同时，债券融资能够推动项目设计者和执行人切实落实相关政策，促进实现乡村振兴。

总之，在乡村振兴中，资本市场应关注农村中新的经济增长点和潜在发展机会。智能农机和机械化农机生产配套和服务、农产品产地仓储保鲜冷链物流设施建设、数字化乡村建设等领域都具有发展潜力，需要资本进行提前布局。另外，监管部门也可以有选择地加大对服务于乡村振兴的相关股票、债券、资产证券化产品等金融产品的支持力度。

8.3 信贷政策

应该说与老百姓互动最频繁的金融机构是银行，而最能直接反映银行服务的就是信贷业务。因此在振兴乡村的进程中，金融机构提升信贷服务能力，起着举足轻重的作用。

截至2022年一季度末，本外币涉农贷款余额45.63万亿元，同比增长12.2%，增速比上年末高1.3个百分点；一季度增加2.61万亿元，同比多增5603亿元。

2022年一季度末，农村（县及县以下）贷款余额38.13万亿元，同比增长12.8%，增速比上年末高0.7个百分点；一季度增加2.14万亿元，同比多增3232亿元。农户贷款余额14.05万亿元，同比增长12.9%，增速比上年末低1.1个百分点；一季度增加6248亿元，同比少增309亿元。农业贷款余额4.84万亿元，同比增长8.4%，增速比上年末高1.3个百分点；一季度增加2803亿元，同比多增768亿元。为更好地支持“三农”经济发展，涉农金融机构应在以下两个方面发力。

8.3.1 加大对农业农村基础设施投融资的中长期信贷支持

为适应乡村振兴和城乡一体化发展的需要，围绕高标准农田建设、春耕备耕、粮食流通收储加工等粮食安全产业链，制定差异化信贷政策，择优扶持一批风险可控、专注主业的粮食企业；对重要农产品加工、仓储保鲜冷链物流设施建设给予信贷支持；强化政银企对接，对农业关键核心技术的资金投入；鼓励金融机构拓宽农村资产抵质押物范围，开展农机具和大棚设施、活体畜禽、养殖设施、种业知识产权、存货、订单、应收账款等抵质押贷款。

积极支持城镇化建设，将信贷资金投向稳妥发展农业生产、提高农产品流通效率、强化农业物质装备、完善农产品市场调控等现代农业产业体系，满足乡村专业大户、农民专业合作社、家庭农场、农业龙头企业等新型生产经营主体资金需求。另外，加大对乡村道路建设、供水工程改造、农村电网巩固提升等项目的信贷支持力度，改善乡村生活环境，提升村民生活质量。

同时，为适应投资回报效益时间周期延长、部分农业投入呈现长期化特征，银行业金融机构可根据农业投资建设回报周期合理确定贷款期限，为乡村客户提供更多的中长期贷款支持，以更好地促进农村经济持续健康发展，振兴乡村经济。

8.3.2　加快普惠金融在农村地区的推广

普惠金融的对象主要是面对小微个体，当城镇地区的小微个体基本对普惠金融接受后，我们应该对农村地区小微个体及农户进行普及。

据央行统计，2022 年一季度末，人民币普惠金融领域贷款余额 28.48 万亿元，同比增长 21.4%，比上年末低 1.8 个百分点；一季度增加 1.98 万亿元，同比多增 178 亿元。2022 年一季度末，普惠小微贷款余额 20.77 万亿元，同比增长 24.6%，增速比上年末低 2.7 个百分点，其中信用贷款占比 18.9%，比上年末高 0.8 个百分点；一季度增加 1.55 万亿元，同比少增 241 亿元。农户生产经营贷款余额 7.25 万亿元，同比增长 14.1%；创业担保贷款余额 2513 亿元，同比增长 11%；助学贷款余额 1434 亿元，同比增长 12.3%。3 月份新发放普惠小微企业贷款利率为 4.93%，比年初低 17 个基点。2022 年一季度末，全国脱贫人口贷款余额 9537 亿元，同比增长 16.5%，一季度增加 397 亿元。

为了更好地推广农村的普惠金融，金融机构首先要创新扶贫信贷品种，提升农户小额贷款的可获得程度。结合地方政府政策需求，推出被征地农民养老保险小额贷款、失业人员创业贴息贷款、青年创业贷款、富民农户贷等，让农户享受到优惠便利的信贷服务；其次，创新金融产品要以成本低、复制性强、易于推广、量体裁衣为主要目标，细分客户群体，在提供一揽子金融服务的前提下，建立与农户需求相适应的多样化、差异化的产品与服务；再次，大胆进行担保模式创新，完善担保体系，探索多样化、有效化的担保模式。积极取得地方政府支持，由财政、公司、个人等多级出资成立农村融资担保公司，为农村贷款防险增信；最后，大力普及推广各类助农、惠农产品与服务，使金融便民服务覆盖到行政村、电子银行推广到户。在畅通结算渠道的基础上，拓展银行卡功能，让农户愿意使用新型金融工具。

8.4 保险市场

农业保险是专门在农业种植业、畜牧业、林业等农业生产过程中，由于受到了自然灾害、不可抗力的疫病等因素，且在保险理赔范围内承担损失的一种保险，是农户在受到损失后所得到的应有补偿保障的一种实现方式。

近年来，虽然农业保险是国家一直在补贴并大力扶持的，但农村劳动力价格、流转土地的租金成本等大幅上升，导致农业保险赔付额与完全成本的差距拉大，农业保险投保的获得感不强，贫困农户投保积极性差。为防范道德风险，农业保险费率和免赔率一般较高，导致农户参保率较低。加之农村经济发展落后、农户文化水平低、宣传力度不够，农户对农业保险存在认知偏差，理赔未能达到农户预期，降低了农户的参保热情。另外，农业保险险种亟待完善。针对农业保险抗风险能力较弱，尤其是专为农村设计的险种少，针对性不强，加上农业保险的保险程序较为复杂，且程序时间较长，成本费用很高，耗费了大量人力和物力。定损到户难度大，农业保险点多、面广、线长，经营较为分散，农业保险“定损”一直是难题。很多情况产品全省使用统一的保额、费率，不能根据地区风险的差异化进行定价，造成风险管控不力，存在基差风险。很多农户的人工成本、原材料、生产成本等方面还没有列入保障范围。

首先，要不断扩大保险品种。相对来说，粮食作物生产性投入低，价格稳定。但是，突如其来的新冠疫情，让许多农产品滞销，更加凸显了农业生产避险的重要性。所以，不断丰富农业保险品种、提高保障程度已是当务之急。推进农业保险产品转型升级，从传统单一农业保险险种，向产量保险、收入保险、价格保险和指数保险转变。加大农险产品创新开发力度，不断开发新品种、拓展新渠道。针对部分地区可能出现的农产品价格大幅波动问题，可以适时开展价格保险，稳定农户生产预期，防范自然灾害和市场变动双重风险。例如，增加甘蔗、玉米、马铃薯、花生、大豆、蔬菜等种植险，家畜、家禽、渔业等养殖险，以及中草药等关乎国计民生的涉农保险。其次，规范农业保险承保理赔管理。2022年2月，银保监会发布《农业保险承保理赔管理办法》。在《农业保险承保理赔管理暂行办法》基础上，吸收近年来农业保险改革发展和监管实践成果，更加突出以“服务三农”为中心，新增森林保险作为调整对象，进一步明确投保信息内容和要求，将承保标的查验内容区分不同险种予以规定，统一定损时限规定，强调不得套取保费补贴，并突出保险科技等相关内容。最后，加大保险宣传力度。保险公司和政府相关部门应根据当前广大农户对农业保险了解程度低下的客观实际，采取逐户宣传农业保险政策，让农户全面知晓农业保险投保标准、补贴标准、分摊标准及理赔程序、理赔标准、理赔方式等内容。加大农业保险的培训力度，提高农户和新型农业经营主体的参保意识，从而提高农业保险的参保率。同时，要采取让农户理解和接受的方式宣传农业保险，使广大农户懂得投保、索赔、防灾、防损等保险知识。要不断提高广大农户及企业的政策知晓率和参保意识，工作中要积极采取实例讲解、对比算账等方式，逐户宣传农业保险政策，让农户全面知晓农业保险投保标准、补贴标准、分摊标准及理赔程序、理赔标准、理赔方式等内容。

8.5 金融科技

近年来，大数据、云计算、人工智能和数字货币等新型技术创新的步伐不断加快，金融科技借助信息化技术，丰富金融产品种类，扩大金融覆盖规模，提高金融服务质量，已成为农村金融服务发展和产业进步的重要推动力。科技赋能，主要表现在：去网点式、网络电商和移动支付。“去网点式”的业务模式减少对物理网点、服务人员和经营设施的依赖，从而为偏远地区的农户获得移动支付、投资理财、助农贷款等金融服务打下基础；网络电商为农村当地产业提供销售特色农产品的新渠道，为农村产业兴旺和乡村振兴提供重要契机，使得农业产业化多了一个选择；移动支付改变农户使用传统支付工具的习惯，扫码付款、NFC支付、POS机收单等新型支付手段更具有互动性、及时性和灵活性，支付效率提高，成交费用降低，让广大农户“交易活动不出村、指尖交易惠农家”。

在科技带来巨大便利的同时，农村的金融科技业面临着硬件设施条件较差、农村金融征信体系不健全、农村用户金融素养水准较低的短板。因此我们要砥砺奋进，从以下三方面持续开创金融科技赋能乡村振兴新局面。

8.5.1 深入推进农村信用体系建设

继续开展“信用户”“信用村”“信用乡（镇）”创建，完善各级涉农信用信息系统，因地制宜建设地方征信平台，精准识别各类农村经济主体信用状况，以信用建设促进信用贷款投放。积极推进新型农业经营主体信用评价，加快建设新型农业经营主体信用体系。探索开展信用救助工作，创新信用评价结果运用。

8.5.2　发展农村数字普惠金融

继续深入实施金融科技赋能乡村振兴示范工程，发展农村数字普惠金融。各金融机构要充分运用大数据、云计算、第五代移动通信（5G）等新一代信息技术，优化风险定价和管控模型，有效整合涉农主体信用信息，提高客户识别和信贷投放能力，减少对抵押担保的依赖，积极发展农户信用贷款。

8.5.3　持续提升农村支付服务水平

巩固优化银行卡助农取款服务，支持银行卡助农取款服务点与农村电商、城乡社会保障等合作共建，推动支付结算从服务农民生活向服务农业生产、农村生态有效延伸。推广完善“乡村振兴主题卡”等特色支付产品，推动移动支付便民工程向县域农村下沉。加大央行存款账户业务线上渠道推广，支持农村金融机构开展央行存款账户资金归集。通过金融基础设施互联互通支持货币政策工具券款对付（DVP），实现融资等环节全流程自动化处理，加速政策资金到账速度。

乡村振兴关系到农业农村现代化的实现、国家现代化的实现，可以从根本上解决现阶段我国农业不发达、农村不兴旺、农民不富裕的“三农”问题。在这个过程中，需要各方的鼎力协作和坚持不懈，金融作为经济发展的重要一环，应该起好头，打通服务乡村振兴的各条脉络，为助力乡村振兴的全面发展贡献力量。

第9章

Chapter 9

金融助力乡村振兴，实现中华民族伟大复兴

民族要复兴，乡村必振兴。乡村要振兴，金融须先行。金融助力乡村振兴，聚焦农民、农业、农村问题，从不同方面为乡村居民带来福利、为乡村产业汇聚动力、为乡村生态文明建设带来积极影响，使乡村居民生活更富裕、乡村产业更兴旺、乡村环境更美好。随着乡村振兴的全面推进，民更富、业更兴、村更美，为我国实现中华民族伟大复兴奠定坚实的基础。

9.1 金融助力乡村振兴

金融作为现代经济的核心资源，是支持产业兴旺的坚实基础，是实现生态宜居的强力支撑，是营造乡风文明的有效保障，是推进治理有效的重要力量，是保证生活富裕的擎天巨柱。需要强化金融在乡村振兴多元投入格局中的基础支撑地位，构建适合农业、农村特点的乡村金融体系。

9.1.1 金融保障乡村居民生活富裕

金融是保证生活富裕的擎天巨柱。实施乡村振兴战略，重点、难点在农村，关键在农民。生活富裕，就是要构建农民增收的长效机制，通过多种途径有效保障农民就业、创业，多渠道增加农民收入，提高农民的生活水平和消费水平。农民要富，不仅是钱包鼓起来，精神也要富起来，要将农民增收与扶志、扶智相结合。

（1）构建多元化增收渠道

我国地区间经济社会发展差异较大，若想缩小城乡差距，解决发展不平衡不充分问题，就必须增加农民收入。随着乡村振兴战略不断深化，农民收入渠道更加宽广，生活更加富裕。

农村资源较为丰富，可将资源逐步变为资产，促进农民增收。如对承包地，以及废弃住宅、坑塘等进行梳理，帮助农民通过转让出租以及入股经营等方式将手中资源进行流转，让土地等资源得到充分利用。对于一些资源丰富的地区，在符合规划和用途管制的前提下，对农村集体土地所有权、承包权、宅基地使用权等进行登记，同时对不同资源进行流转、出租或者贷款抵押，使农村闲置土地、宅基地等资源得到充分利用，成为农民创业的本钱。同时，政府要不断推广开发建设项目，引进推广分红经营模式，例如，可以引进农家乐、采摘园、农耕文化体验园等休闲观光项目，以及发展传统手工业等，将农业发展与旅游文化业互相融合，真正实现农村资源向资产方向转变，增加农民收入。

（2）大力发展数字普惠金融

普惠金融的核心首先是“普”，其次才是“惠”。因此扩大金融服务的覆盖面，服务于所有有金融服务需求的人群，这些才是普惠金融的核心理念。数字普惠金融是以互联网为发展背景，以金融科技为基础，有效将数字化信息融合于普惠金融的发展，使客户更加方便简捷地获取金融服务。数字普惠金融有利于提升农村居民的生活水平，缩小城乡居民之间在消费、就业、教育、医疗上的差距，使乡村居民生活更加富裕、幸福。

城乡经济的不断发展和人们生活水平的日益提高，农民群众对于农村基础设施建设的需求也在增加，这是实施乡村振兴战略的基础。为了让数字普惠金融在乡村振兴中的作用充分发挥出来，首先需要做好农村地区网络基础设施的建设。要加大对数字基础设施薄弱地区的资金支持和投入力度，加快宽带的普及，着力实现“5G”技术的全覆盖，不断提高乡村居民使用数字化技术的便捷性，提高乡村地区网络的渗透率和覆盖率。此外，各金融机构还需要派遣工作人员下乡工作，对农村居民们的网络使用情况进行指导，引导农村居民合理进行微信、支付宝、银行客户端等平台的使用。该过程中还需要做好数字普惠金融的宣传工作，打消农村居民对网络财产安全性的顾虑，让农村的资金需求者能够用得顺心、用得放心。

农村地区由于经济欠发达，农民金融素质比较低，金融教育不到位，因此，须标本兼治，加大农村数字普惠金融知识的普及力度。从意识层面，要让农民认识到数字普惠金融的重要性与其能为农民带来的利益。通过开展宣讲会、村民大会的方式进行宣传引导，推广农村数字普惠金融产品，提高农户对数字普惠金融的理解和接受程度。从认识层面，手把手教学，帮助他们熟悉金融工具的使用方法，提高农村居民获取和使用数字普惠金融服务的能力。同时，应加强对农村居民的征信知识的普及，帮助其树立诚信守约意识，提高其辨别非法金融活动的能力，防范欺诈，降低数字普惠金融的交易风险及成本，使数字普惠金融在推动乡村振兴中切实发挥作用。

（3）完善农村保险体系

为防范乡村振兴中可能存在的各种风险，应完善农村保险体系，就新农保、新农合等农村社会保险制度进行完善，为农村居民们提供良好的生活保障。提高对新型农业经营主体的保障水平，完善大灾风险分散制度，推动农业保险高质量发展，防范农业风险扩大，减少农民损失。构建商业型保险与政策性保险互为补充的农业保险体系，进一步提升农业收入的稳定性。农村保险体系的完善，需要政府部门、银行以及保险公司积极参与到信用保险体系建设中，对信用保险体系进行不断创新与完善，提升金融机构参与到农村保险工作中的积极性，为农村保险行业的发展提供充足的资金支撑。

9.1.2 金融促进乡村产业兴旺

金融是支持产业兴旺的坚实基础。产业兴旺是乡村振兴的基石，是解决农村一切问题的前提，在乡村振兴中发挥重要作用。乡村振兴的重中之重是农业现代化、产业化。增强供应链金融支持农业产业化龙头企业及联合体发展力度，切实加大金融资源向乡村振兴重点领域和薄弱环节倾斜。实现农业与其他产业的联动，推动一、二、三产业的深度融合，助力农业发展方式转变和业态转型升级。充分发挥政策性金融优势，为农业农村建设赋能。

（1）加强金融产品和服务模式创新

从企业内部经营管理角度出发，以分散、减少金融服务过程中的风险为出发点，创新金融服务业务与产品，促进农业产业的长远发展。依托发展现状构建金融产品体系、完善金融服务模式，既能为其稳定发展提供一定的支持，又能有效降低信贷服务过程中的违约风险。积极探索适用于金融服务行业的衍生工具，逐步构建适用性更强的金融服务模式，对充分发挥金融服务在农业产业中的积极作用有重大意义。

金融机构需要对专业技术人员进行培训，切实了解当地地域的风俗习惯以及当地农业的现状及特点，防止出现金融产品提供的服务与当地农业的需求不匹配现象。例如，区分种植类和养殖类，同规模的种植类与养殖类相比，养殖类农业所需贷款额度要比种植类高很多。根据每种农作物的周期情况可以灵活设定还款期限，来解决农户一次性还款的压力，也可以降低农户因无法按时还款造成的商业银行的风险。同时可以采取多种方式灵活选择贷款方式，筛选信誉额度高，财务状况较好的核心企业作为担保，采用农业合作组织或者多农户联保等贷款方式，有效降低农户融资成本高，减少金融机构对单个农户的信用评估所造成运行成本高等问题。

（2）优化乡村产业格局

“致广大而尽精微”。发展产业的前提是选准产业、选对路子，加快现代特色农业产业体系建设。大力推动一、二、三产业深度融合发展，纵向延长产业链条，横向拓展产业形态，不断丰富乡村经济业态。把地方名称融入创建品牌产品，以此形成产业链。

中国是一个传统的农业大国，乡土文化浓厚，广大农村地区拥有差异化的资源和生态优势，在保留自身特色的基础上发展产业，能缓解结构趋同性问题，从而减少同质化竞争。为此，需要在乡村产业发展中强化市场导向，倒逼新型农业经营主体通过特色化、专业化经营，合理配置生产要素，促进乡村产业深度融合，形成因地制宜的乡村产业发展模式。金融服务助推乡村振兴的重点领域主要包括：农产品生产基地、乡村旅游和休闲农业示范区、农村产业融合发展示范县等。农产品生产基地可以根据当地自然环境而定，淡水资源丰富的地区可依托水资源建立养殖产业，高湿地区建立茶叶种植场。乡村旅游和休闲农业示范区有特色的，促进资本投入农业主题公园、休闲农庄和采摘观光等领域。

首先，乡村产业链要横向融合发展。乡村地区要积极整合区域资源，将自然、社会、历史文化、互联网等注入到乡村产业发展中，以传统种养殖业为基础，形成特色产业、乡村旅游和电子商务等多业态多产业融合的模式。其次，乡村产业链要纵向深入发展。目前，农村已有的产业链条简单，大多数是生产初级产品，不涉及产中和产后环节。要改变这种情况，需要深入拓展乡村产业的生产、加工和销售环节，做好产业的分工与合作。对农产品进行二次加工，提升产品价值，有效抵御市场变化带来的不确定风险。充分利用互联网及电子商务，开拓多渠道的销售模式，通过线上与线下相结合的方式进行销售，深入挖掘农业产业的纵向融合。最后，加速实现乡村一二三产业融合，实现高质量发展。统一城乡资源，实现城乡一体化，把与农业农村相关联的二、三产业尽量融合在一起，促进农业、工业、商业和服务业的全产业链深入融合，形成产业集聚效应和规模效应，最终实现乡村地区产业的高质量发展。

（3）形成农业产业品牌化模式

在农业产业品牌化的发展过程中，农村文化的管理是农业产品品牌化发展的重要支撑元素，所以需要加强对农村文化的推广，使农村人民的道德和文化水平得到有效的提高，并根据农村地区的特色文化，建立起农村独特的产业品牌，进而实现农村产业的品牌化模式，在提高农村产业经济效益的基础上，还可以有效增加农村的就业岗位，减少农村的劳动力流失数量。

9.1.3 金融推动乡村生态文明建设

金融是实现生态宜居的强力支撑，是营造乡风文明的有效保障。生态宜居是乡村振兴的关键，乡风文明是乡村振兴的灵魂。“美丽乡村”生态文明建设逐步成为我国进行乡村振兴发展的重要内容。

（1）从环境整治到生态宜居

坚持生态文明理念，继续改善农村人居环境，以垃圾处理、污水治理、厕所改造、村容村貌整治为重点，可以通过PPP模式等多种模式加快建设美丽宜居乡村，金融也可以通过资源配置手段引导资金流向改善人居环境的项目。与此相配套的公路、供水、供气、电网等基础设施建设和农村教育事业发展、公共服务水平的提高等都需要金融支持。

（2）从扶贫扶智到乡风文明

乡风文明蕴含着中国几千年的农耕文化底蕴，是社会主义核心价值观的重要体现，更是乡村振兴战略的“灵魂”。扶贫扶智与乡风文明的衔接，需要强化文化引领，促进农村文化教育事业发展，补齐农村公共文化服务的短板，活跃农民的业余文化生活，保护传统文化。金融可支持“三农”题材文艺创作生产，以及特色民俗文化、非物质文化遗产、传统手工技艺等农村优秀传统文化的传承和保护，支持打造富有地方特色的文化品牌，打造良好的乡村金融生态环境。

（3）促进绿色金融发展

“绿水青山就是金山银山”。在乡村振兴战略的实施过程中，需要将绿色环保作为重要的发展导向。无论是促进农业领域的绿色与健康发展，还是促进生态宜居新农村的建设，均需要加大农村绿色金融的发展力度。

坚持绿色发展理念，加大农村地区绿色项目支持，强化基础设施建设、污染防治、清洁能源、生态保护等绿色领域信贷投入，着力改善农村人居环境，助力美丽乡村建设。探索运用绿色债券、绿色票据、碳金融工具等产品，激活农村要素市场化优化配置，推动生态资源优势向生态资产、生态资本转化。

借助多元化的金融工具支持乡村绿色发展，建立绿色金融服务体系，是金融机构支持乡村振兴的重要内容。为此，金融服务应充分发挥对农村产业结构调整的引导作用，通过差异化信贷手段重点支持低耗能、低污染的有机、绿色、无公害农产品生产。鼓励乡村利用清洁能源，支持发展沼气、太阳能、风能和生物质能源等农村绿色生活方式，促进农村产业科学转型与可持续发展。金融机构要坚持绿色兴农，在推动农业产业化现代化的同时，注重农村环境保护，将金融资源向环境治理、村容村貌改造等领域倾斜，推进“美丽乡村”建设。

9.2 乡村振兴促进中华民族伟大复兴

乡村振兴是实现中华民族伟大复兴的一项重大任务，也是实现中华民族伟大复兴的应然之义。就目标视角而言，实现中华民族伟大复兴，要实现中国强、中国美、人民富；全面推进乡村振兴，要实现农业强、农村美、农民富，这是中华民族伟大复兴的重要组成部分和重要标志。

坚持把解决好“三农”问题作为全党工作重中之重，举全党全社会之力推动乡村振兴，促进农业高质高效、乡村宜居宜业、农民富裕富足，走中国特色乡村振兴道路是由谋划中华民族伟大复兴战略的现实逻辑、复兴中华传统优秀文化的历史逻辑和世界大变局、中国高质量发展中“三农”工作特殊重要性的时代逻辑决定的。

9.2.1 满足人民日益增长的美好生活需要

随着农业农村现代化的加快推进，农业除传统的产品功能、就业功能、市场功能等持续提升外，生态涵养、休闲体验、文化传承等多种功能和生态、文化等多元价值日益凸显。中国拓展提升农业多种功能，促进乡村多元价值提升，不仅提升了亿万农民的收入水平和生活品质，还满足了城市居民到乡村休闲、体验和旅游的需求，促进了人的全面发展，提升了人民的幸福指数。

作为脱贫攻坚的接续战略，激发脱贫区域内生活力、增强脱贫群众内生发展动力，是全面推进乡村振兴的关键所在。要加强农村低收入人口常态化帮扶，对有劳动能力的，坚持开发式帮扶，组织好劳务输出，加强职业技能培训，延续支持扶贫车间优惠政策，帮助完成工作，提升内生发展才能。稳固提升原有农业产业、农村基础，支持脱贫区域村庄特色产业发展壮大，开展农产品产销对接活动，深化拓宽消费帮扶，走内生型农村振兴之路。跨步新征途，斗争正当时。以更有力的举措、更强壮的力气推进村庄复兴，加速农业农村现代化进程，我们齐心协力必定能让农业高质高效、农村宜居宜业、农民殷实充足的蓝图成为美好现实。

9.2.2　稳住农业基本盘

保障好初级产品供给是一个重大战略性问题。中国坚持藏粮于地、藏粮于技，实行最严格的耕地保护制度，推动种业科技自立自强、种源自主可控，不仅确保了把中国人的饭碗牢牢端在自己手中，还较好地满足了全国人民对食物消费多元化的需求。保障初级产品供给和促进农业高质高效，为更加主动地迈上更高质量、更有效率、更加公平、更可持续、更为安全的发展之路提供了条件，为应对经济全球化遭遇逆流和新冠疫情影响夯实了基础，是中国经济发展平衡性、协调性、可持续性明显增强的重要组成部分。

稳住农业基本盘、守好“三农”基础、坚持农业农村优先发展，是坚持底线思维，增强忧患意识，提高防控风险能力，沉着应对国内外各种风险挑战，保持社会经济持续健康发展的“压舱石”。做好“三农”工作，要坚持和加强党对农村工作的全面领导，扎实有序推进乡村发展、乡村建设、乡村治理重点工作，全面推进乡村振兴和农业农村现代化。

9.2.3　促进社会稳定

全面建设社会主义现代化国家，实现中华民族伟大复兴，最广泛最深厚的基础在农村。新时代中国致力于全面推进乡村振兴和乡村善治的相互促进。农业向着有奔头的产业转型、农民向着有吸引力的职业转型、农村向着安居乐业的美丽家园转型，成为成功续写社会长期稳定奇迹不可或缺的因素。创新乡村治理体系，走乡村善治之路，经受住了新冠疫情防控的大考。这些都彰显了中国之治下的中国城镇化道路和中国特色社会主义乡村振兴道路在应对风险挑战上具有特殊优势。

要持续巩固拓展脱贫攻坚成果，保持过渡期内帮扶政策总体稳定，守住底线，动态监测，防止返贫，在此基础上不断地推动特色产业发展，增强脱贫地区内生动力，接续推进脱贫地区乡村振兴；要加快推进农业现代化，坚持绿色发展，守住耕地红线，保障粮食安全，全力提升农业科技水平，不断加快构建现代农村产业体系和农业经营体系；要大力实施乡村建设行动，既加强公共基础设施等硬件建设，又提升基本公共服务等软件水平，以全面深化改革激发潜力、释放活力，推动城乡融合发展。

9.2.4 构建新发展格局

城乡经济循环是国内大循环的题中应有之义，也是确保国内国际双循环比例关系健康的关键因素。新时代中国打赢脱贫攻坚战取得全面胜利，推动乡村振兴，促进农民收入增长快于城镇居民，促进几亿农民同步迈进全面小康社会，释放出巨量的消费和投资需求，加之休闲农业、乡村旅游蓬勃兴起促进城镇居民消费增长，成为构建新发展格局的重要组成部分。

乡村振兴要融入到我国高质量发展战略和双循环新发展格局中。要抓住构建新发展格局的机遇，着力解决巩固拓展脱贫攻坚成果同乡村振兴有效衔接面临的一些突出短板和体制机制障碍。要更好地发挥农业多功能优势和农村超大规模市场优势，把巩固拓展脱贫攻坚成果同乡村振兴有效衔接的过程转化成激发和释放农村投资和消费的过程，全面增强农业农村发展活力，使乡村振兴成为双循环新发展格局的重要引擎。

第10章

Chapter 10

国土空间规划视角下的乡村振兴

10.1　乡村规划建设的历史进程

就外部环境来看，世界处于百年未有之大变局；就内部形势来看，我国经济进入新常态，同时我国城镇化率已经超过60%的节点进入下半场。在这样的内外部环境之下，我国提出了“双循环”的发展战略。乡村振兴被寄托了深切期望，要充分地激发乡村地区的活力，推动内循环的发展，加速统一大市场的构建。乡村振兴也被赋予了深厚内涵，包括构建新型良性的城乡发展关系，挖掘弘扬乡村地区的独特文化，提升乡村地区的社会治理水平，最终实现生态文明的发展要求。习近平总书记多次强调，“实施乡村振兴战略要坚持规划先行、有序推进，做到注重质量、从容建设”。

“凡事预则立，不预则废。”我国历来重视规划工作所发挥的重要作用，在乡村振兴战略中也应不例外。

考古证实，我国古代最早的城乡聚落距今约有4000年的历史。在漫长的历史岁月中，积累了大量规划和建设的经验，形成了极具中国特色的古代规划思想。成书于战国至西汉初年的《周礼》，不仅记述了城市建设的空间布局，还记载了城郊、田地、林地以及牧地布局关系的规则。《管子·乘马》总结了“高毋近阜，而水用足；下毋近水，而沟防省”的选址理念以及“因天材，就地利”的布局理念，同时还提出了土地开垦应该与城市建设统一协调起来，农业的发展是城市发展的前提。“知、行常相须，如目无足不行，足无目不见。论先后，知在先；论轻重，行为重。”这些规划理论是规划建设行动的基础，同时又在漫长的实践中得以提炼和完善，最终形成了极具地域特色的传统城市与村落形制。

新中国成立初期，党的工作中心进行了调整——由乡村转移到了城市，由此开启了我国快速的城镇化的历史进程。在1952年召开的第一次全国城市建设座谈会上，提出“加强规划设计工作，加强统一领导，要制定城市远景发展的总体规划”的思路，从此中国城市建设开始了统一领导、按规划进行建设的时期。此后，城市建设中的规划政策法规体系逐渐完善，助力城镇化的快速发展。中国城镇化率在1949年为10.64%，2021年增加至64.72%。

在城镇化率大幅提升的同时，与此形成鲜明对比的则是乡村人口（非城镇常住人口）比例的大幅下降。就农村发展而言，新中国成立初期完成了土地改革，并建立了农业合作社。随后全国自上而下地进行了建设基本农田、建设水库水渠水利设施、开荒拓地等大型工程，奠定了社会主义农业农村建设的良好开局。在规划层面，各地也有“学大寨”式的规划运动，但是因为生搬硬套，没有因地制宜，效果不理想。党的十一届三中全会之后，城乡居民收入得到显著提升，乡镇企业也得到蓬勃发展，农村鼓励自主建房政策出台后，村庄建设更是达到一个高峰。但由于规划体制不健全，管控不到位，也出现了无序建房、占用耕地等现象。1982年，国务院先后颁布了《村镇规划原则》和《村镇建房用地管理条例》，乡村地区的建设开始逐渐步入正轨，有了章法可依。这时期的村庄规划以建设规划为主，缺乏区域和宏观发展统筹。2005年，党的十六届五中全会提出社会主义新农村建设目标，随后展开了新农村试点建设，这一时期村庄规划以村容村貌整治为主。2008年，原建设部出台了《村庄整治技术规范（GB 50445—2008）》；同时，《城乡规划法》的颁布取代了《城市规划法》，将村庄规划纳入我国的法定规划体系下，由此改变了城乡二元分裂的规划局面。

10.2　乡村振兴背景下的规划新机遇

2017年，党的十九大提出“实施乡村振兴”战略后，要求分类推进乡村发展，分类推进乡村振兴。2018年，国家出台改革措施，将原有的国土资源部职能进行更新，组建新的自然资源部，负责国土空间规划的管理。《中央农办 农业农村部 自然资源部国家发展改革委 财政部关于统筹推进村庄规划工作的意见》《中共中央 国务院关于建立国土空间规划体系并监督实施的若干意见》《自然资源部办公厅关于加强村庄规划促进乡村振兴的通知》《自然资源部办公厅关于进一步做好村庄规划工作的意见》等文件自2019年起陆续出台，国家开始大力推进“多规合一”的实用性村庄规划，要改变以往的村庄规划弊端，要建立新的“能用、管用、好用的实用性村庄规划”。乡村规划编制的试点工作也逐步开展。对规划行业来说，也是一次新的发展机遇，可以借此机会进行规划系统更新、制度重建以及业务重构。

10.3 乡村振兴背景下的规划新挑战

2018年中共中央 国务院印发的《乡村振兴战略规划（2018—2022年）》与2021年6月1日开始实施的《中华人民共和国乡村振兴促进法》中明确指出“规划先行”的原则。乡村振兴的战略部署需要在乡村的空间内进行统筹安排和落地实施。空间规划是推动乡村振兴的重要抓手。在规划编制和实施过程中，面临一系列挑战。

根据中共中央、国务院在2019年出台的政策，将原来由不同部门主管的主体功能区规划、土地利用规划、城乡规划等融合为统一的国土空间规划，实现“多规合一”，由新成立的自然资源部门主管，强化国土空间规划对各专项规划的指导约束作用。《中共中央 国务院关于建立国土空间规划体系并监督实施的若干意见》提出：“到2020年，基本建立国土空间规划体系，基本完成市县以上各级国土空间总体规划编制，初步形成全国国土空间开发保护‘一张图’。”从执行效果来看，由于国土空间规划改革涉及诸多历史遗留问题，截至2022年4月底，完成了“三区三线”五个省份的试点工作。下一步，根据国家统一安排，要在试点基础上向全国其余省份推广经验和做法。

由国土空间规划“五级三类四体系”可知，五级规划分别是全国、省、市、县、乡镇级，如图10-1所示，自上而下落实国家发展战略，逐层级分解发展任务，上层对下层规划有硬性要求和指标传导的作用，下级规划必须进行落实不得违反。目前来看，五级规划中的全国、省、市、县级国土空间规划均未完成正式审批，因此镇（乡）国土空间规划虽然和上层级规划同步编制中，但是由于上级规划核心指标未确定，所以作为下级规划，一是无法落实上层级规划的约束性要求，二是无法实现与专项规划的互动与协同。

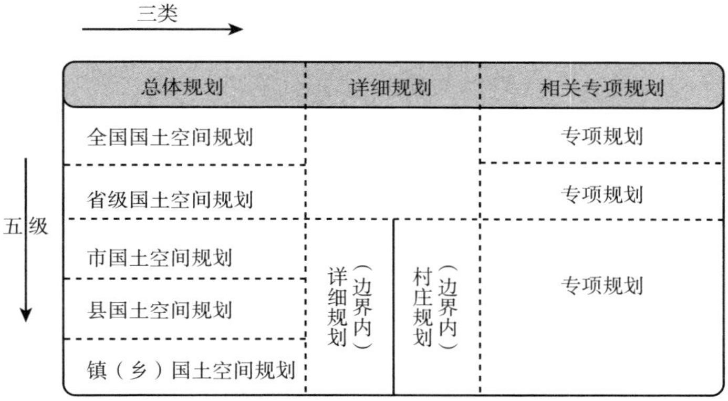

图10-1　国土空间规划的五级三类体系

资料来源：https：//www.sohu.com/a/317269624_825181.

10.4　规划引领乡村振兴的新征程

《乡村振兴战略规划（2018—2022年）》是乡村振兴的新起点，统筹了空间、农业、产业、文化、治理体系等内容。《中华人民共和国乡村振兴促进法》是乡村振兴的重要法制保障。在完善的法治保障下，通过规划制定科学合理的目标、切实可行的计划，从而开启乡村振兴的新征程。

10.4.1 厘清乡村发展规律

习近平总书记指出，“新农村建设一定要走符合农村实际的路子，遵循乡村自身发展规律，充分体现农村特点，注意乡土味道，保留乡村风貌，留得住青山绿水，记得住乡愁。”乡村地区的发展规律与城市相比，存在显著的区别。

我国的城镇发展已经进入了下半场，但是就乡村发展来讲，还有巨大的前景和发展空间。而且乡村与城市存在巨大的不同，乡村不具备像城市一样发展的资源和要素，因此乡村不能简单地通过拆迁、安置走城市化和工业化的道路，而是应该摸索乡村发展规律，通过科学合理的规划安排，实现乡村振兴。

（1）尊重乡村发展的长期性规律

中国的乡村历经了千百年发展，有独特的背景和底蕴，实施乡村振兴需要长期坚持工作，不能为了短时间完成任务而盲目地赶超，更不能搞“运动式”的乡村振兴，既要有耐心又要细心地提前谋划、提前布局。

（2）尊重乡村发展的地域性规律

我国国土面积广袤，地域辽阔，村庄数量多，平均规模偏小。在农用地方面存在人多地少的矛盾，户均耕地数量是国外的数十分之一甚至数百分之一。农业生产水平较低。村庄类型多样化，村庄规划用地布局以及居民建筑风格千差万别，依山傍水，各具特色。最重要的是乡村地区发展水平较为不均衡，经济发展水平差异巨大。因此，乡村振兴要尊重地域特色，不能一刀切，更不能使用同一套硬性规划标准。

（3）尊重乡村发展的主体性规律

乡村振兴是一项系统性的工作，需要充分调动参与主体的积极性：政府进一步地发挥推动性作用，解决农村发展的深层次矛盾以及农民关心的核心问题，推进农村的深层变革。村民须更好地发挥主动性，积极参与到乡村振兴的伟大战略中来，以主人翁姿态为乡村振兴添砖加瓦。市场须更好地发挥引导性作用，仅依靠政府投资输血是不够的，乡村振兴需要找到盈利模式与盈利点，焕发市场活力，吸引社会资本的广泛参与，通过市场化运作，形成可持续发展的长效机制。

10.4.2　转变传统规划思路

规划工作的两项核心作用是“战略引领”和“刚性控制”。在新的国土空间规划中，除了这两项之外，规划还要坚持问题导向原则，深入地分析乡村发展中存在的困局，制定切实可行的、能解决实际问题的详尽措施。

经过全国人民多年的艰苦奋斗，我国农村面貌已经获得了明显的改善，乡村经济水平已经得到明显提升，但是，我们也必须清醒地认识到，对于大部分城乡来说，在经济发展、教育培训、医疗养老等方面还存在一定的差距。

规划在中国几十年的快速城镇化过程中发挥了重要的积极作用，也积累了丰富的经验，城市规划理论在实践中也得到了不断更新和完善。但是针对乡村来说，规划体系还相对年轻，尚有待完善。乡村独特的生产生活方式和空间格局也决定了乡村振兴中的规划，一定是摆脱了传统的城市规划思路，要多样、灵活，还要有一定弹性，适合广阔的乡村地区。

乡村规划需要创新和突破。一定要避免运动式、标杆式、造景式、一层皮式的乡村规划，不仅浪费资金，而且毫无实施意义，甚至有碍发展。对于不同发展状态的村庄要进行分门别类，比如“集聚提升类、城郊融合类、特色保护类、搬迁撤并类”等。将风貌改造和人居环境提升整治相结合，尊重乡村历史文化与山水格局，塑造特色的美丽乡村。在产业规划方面，突出当地优势产业，丰富产品类型，延伸产业链，提高产品附加值。同时谋划一、二、三产业融合发展。

10.4.3 完善规划体系建设

从顶层设计来看，国土空间规划是确保国家战略能够顺利实施、推动国家治理体系和治理能力现代化的重要抓手和工具。自2019年实施国土空间规划改革以来，原有的规划体系已经不再适用，新的规划体系正在逐步完善中。一个完善的规划体系应该包括四方面：规划编制审批体系、实施监督体系、法规政策体系、技术标准体系。其中，规划编制审批体系和实施监督体系包括从编制、审批、实施、监测、评估、预警、考核、完善等完整闭环的规划及实施管理流程；法规政策体系和技术标准体系是两个基础支撑。国土空间规划是将原有建设用地、农业用地、生态用地等要素重构的新型规划，编制工作涉及的管理部门、专业领域超过了之前城乡规划、土地规划、林业规划、海洋规划等所有专业和专项规划的总和。在这些要素的体系重建中，统筹协调的工作意义重大，应该充分发挥规划的传统优势，在系统思维和整合能力方面发挥特长，协助构建“多规合一”新体系。

就目前进展来看，这四个体系均尚不足以支撑新形势下的规划发展要求。因此，当务之急就是要建立完善的规划体系。只有具备了完善的体系，规划才能在乡村振兴中发挥更充分、更科学的引领作用。

10.4.4 增加规划覆盖比例

各省份由于经济社会发展水平不一、政策要求不同等原因，规划覆盖比例参差不齐。乡村振兴战略提出后，规划编制备受重视，各地纷纷制定计划完成规划应编尽编任务。从执行层面来看，截至2017年底，湖南全省24153个村庄中，已符合规划编制要求的村庄占全省的33%，下一步于2019年底前基本完成剩余16150个村庄规划编制工作。云南省制定了计划，2021年完成率30%、2022年完成率70%、2023年完成率100%的编制计划。规划覆盖率的增加，使得更多乡村地区改善了没有规划管控的局面，摆脱了无序发展，不但具备了形象化的发展目标，而且乡村振兴不再是符号与口号，同时增加了系统化的工作抓手。

10.4.5　提升规划编制质量

在规划体系建立之前，每一项编制工作都有独特的意义，不仅是完成任务，每个项目也恰恰是新体系的组成部分。由各个省份的规划编制计划可知，每年需完成数千个乃至上万个村庄规划。短时间内如此规模巨大的规划编制项目需要相应数额极大的资金支持、充足的专业技术人员、踏实深入的工作态度、完善的审批及实施体系作为配套保障。规划的编制、审批、实施、监督体系中任何一个出现问题都将直接影响规划编制质量。

（1）保证收费合理

在规划编制经费方面，通常一个村庄规划的编制费用在20万元左右，按规定是由所在乡镇负责。但是对于绝大部分乡镇来说，所管辖村庄由几个到十几个甚至数十个不等，往往越是经济欠发达的乡镇，通常财力有限，自身无法承担高昂的规划费用，需要从县级财政获取支持。对于县级财政来说，要面对全县诸多乡镇的请求。全国共有2844个县级行政区、38741个乡级行政区，平均每个县管辖13.6个乡镇，县级在村庄规划编制经费的支出往往要超过千万元，对于县级财政来说也是一笔沉重的负担。目前各级财政均有专项资金，但是仍存在经费不足的现象。在这种情况下，部分地区就出现了压缩经费的做法，费用一压再压，往往处于一个不合理的区间。由于收费偏低可能不足以覆盖成本，会严重影响规划单位的主动性、积极性。为了增加利润，编制单位会压缩项目周期，减少现场调研环节，忽视规划质量。

就村庄规划本身来说，处于五级规划体系的最下层级，收费标准仅为县级、市级规划的十分之一甚至十分之一以下。国家级、省级知名规划编制甲级单位因为受到成本限制，一般来说不会大量承接此类项目。市场上部分承接此类规划的是非知名单位以及市县规划编制乙级丙级单位，此类单位水平有限，规划站位不高，可实施性不强。甚至有些编制单位一路分包转包，经费被一层一层压缩，最终为了完成任务，数据不可靠，方案不科学，定位不合理。

（2）加强区域统筹

要遵从上位县域村镇体系规划，依据县域内不同规模、职能和特点的村镇，科学合理地确定村镇等级体系。对村镇实行分级分类的管控。村镇体系一般由重点镇、一般乡镇、中心村、自然村四个等级构成，乡镇政府驻地为本乡镇的综合公共服务中心，中心村为区域村庄的小型服务中心。在涉及医疗、教育、养老等公共服务设施以及给排水、环卫、交通场站等市政基础设施的规划时，更要从宏观视角统筹考虑，统一规划，做到资源配置合理覆盖，避免出现过度投资或者服务半径空缺。

（3）丰富编制内容

除了传统的用地规划与空间布局之外，还应该根据村庄特色，设置生态保护专项规划、产业发展专项规划、文化遗产保护专项规划、市政基础设施和公共服务设施规划等。并且要增加实施章节，包括风貌改造实施步骤、农村人居环境整治提升实施计划以及资金来源，保障措施等，以更详细的步骤、更完整的流程指导规划实施。

10.4.6　金融助力规划实施

规划的实施，除了外部政策的引导外，更需要自身主体的经营逻辑符合市场规律。规划实施中，需要引导产业发展。产业发展离不开实体经济，而金融是实体经济的重要血脉。实施乡村振兴战略，金融应当发挥更重要的作用，尤其是在规划实施领域，要充分发挥金融在资金、人才、资源方面的巨大优势。

（1）合理的经费保障

《中央农办 农业农村部 自然资源部 国家发展改革委 财政部关于统筹

推进村庄规划工作的意见》明确提出村庄规划的内容，既要比之前丰富又要比之前深入。为了实现编制优良的规划，必须要保障充足的合理的项目经费。

（2）充分的研发论证

国土空间规划融合了自然资源、土地、生态、环保等诸多领域。在国土空间格局研究方面，应包括不限于完善和细化主体功能区分区和政策、气候变化、水资源安全的国土空间利用研究、能源资源安全保障与空间布局研究等细分领域；在新型城镇化空间优化策略研究方面，应包括不限于人口变化/东北振兴/西部大开发/中部崛起/京津冀协同发展的国土空间格局优化研究等。加强“规划一张图”信息系统的研发建设，实现从方案到实施管控的信息化建设，提升管控效率。

（3）充足的人才保障

一方面，建立乡村责任规划师制度。责任规划师是由政府选聘的独立第三方人员，为责任范围内的规划、建设、管理提供专业指导和技术服务。乡村责任规划师要挖掘乡村的美学和文化价值，搭建多专业的沟通平台，在地式、全过程陪伴。目前在我国北京、上海等大城市，社区责任规划师制度初步建立。在乡村地区，成都市较早开展了乡村规划师的实践，《成都市乡村规划师管理办法》已经于2021年1月30日起实施。责任规划师制度的建立，可以填补乡村规划管理的职能缺失，更好地管控规划从编制到实施的全过程。另一方面，在乡村振兴的学科建设方面，进行村镇规划建设相关专业的设置，配置充足师资，研发贴近农村规划建设需要的教学课程，为乡村振兴进行合格的人才储备。

（4）广泛的村民参与

在乡村进行规划知识的宣传普及，推动村民参与乡村规划。乡村规划一方面是技术指标的控制，另一方面也代表了自下而上的村民对家乡规划的美好愿景。村民最了解村风村情，但是却缺乏对规划知识的了解。通过培训，增强村民的规划意识。在规划编制阶段，广泛征求村民意见，制定出村民满意的认同的发展目标。在规划实施中，更离不开村民的广泛参与。

村民对规划的认同感越强，也就越有助于规划的实施。

（5）适度的指标倾斜

在建设用地指标方面，国土空间规划是自上而下进行建设用地总量控制。按最新的“三区三线”划定规则，除特殊城市和地区外，一般城镇开发边界为现状建设用地面积的1.3倍以内。建设用地指标通常按各地投资项目比例进行分配，通常侧重于中心城区和重点乡镇，普通乡镇由于产业项目数量有限而影响建设用地指标获取。产业无集聚效应，生活服务设施及市政基础设施匮乏，进而更难获得产业投资。在乡村振兴的新形势下，建设用地指标在分配上更应注意均衡性与公平性，结合各乡镇、村庄的产业发展规划，适度地进行指标分配的倾斜，使这些相对欠发达地有更好的发展空间。

第11章

Chapter 11

乡村振兴的未来发展

党的十九大正式提出的乡村振兴战略是深刻把握现代化建设和城乡关系变化特征，对“三农”工作作出的重大决策部署。在我国乡村是与城镇相互促进、共生共存、共同构成人类活动的主要空间。乡村兴则国家兴、乡村衰则国家衰。党的十九大以来，国家对实施乡村振兴战略作出阶段性谋划，细化实化工作重点和政策措施，部署重大工程、重大计划、重大行动，确保乡村振兴战略落实落地。因此，在巩固脱贫攻坚战成果的关键时刻，实施乡村振兴战略在“三农”发展进程中具有划时代的里程碑意义。如何正确地引导落实乡村发展的现实需求，让农业得到精质高效、让农村得到长足发展、让农民获得实在普惠，有着非常重要的现实意义。

11.1 当前乡村发展所面临的现状与困境

人民日益增长的美好生活需要和不平衡不充分的发展之间的矛盾在乡村最为突出，我国仍处于并将长期处于社会主义初级阶段的特征很大程度上表现于乡村。全面建成小康社会和全面建成社会主义现代化强国，最艰巨、最繁重的任务也在农村。

中华文明深植于农耕文明，长期以来，我国农业农村基础差、发展滞后等问题客观存在。

11.1.1 城乡差距始终存在

不同时期，城乡差距有着不同的问题和现象，当前城乡差距在物质条件上的表现在进一步缩小，但在教育、医疗等软件方面却依然不能小觑。更为主要的是乡村的发展活力和城市相比还有很大差距，这些差距导致大量的人口外流。

一方面收入差距。改革开放以来，我国经济发展取得了令人瞩目的成绩。虽然近30年来我国城镇人均可支配收入和农村人均纯收入都有大幅提升，但城镇人均可支配收入的提高速度远高于农村人均收入。存款方面，农村人口的家庭存款也一直低于城镇人口，且在一段时间呈持续扩大的趋势。

另一方面是生活水平的差距。教育资源分布不均，农村普遍教育资源短缺，师资力量薄弱；医疗方面，医疗设备/医疗人员能力、医疗环境，都与城镇有着不小的差距。

11.1.2　乡村发展模式的局限

历史上的城乡二元结构，导致城乡之间人口流动受到限制，市民与村民处于一种分割状态，历史上户籍决定身份，从而决定了社会福利等，直接导致了城乡居民在收入水平上的不平等，在许多农民思维里至今根深蒂固地认为农民/农村只能是单纯地开展农业劳动，对新兴事物既没信心也没兴趣。

长久以来产业特性的固化，农村以单一农业为主，一二三产业融合发展深度不够，农业供给质量和效益亟待提高。这种将生产结构与地域联系在一起的发展模式，禁锢着农村的发展模式，同时也影响着科技助农的进步，由于发展农业科技前期投入大，回报周期长，让许多企业望而却步。

11.1.3　青壮人群外流导致的城市和乡村发展的双向压力

随着农村发展活力的降低和城乡差距的进一步扩大，农村青壮年人口向城镇化方向流动。一方面，在乡村成长起来的高素质/高学历人才在乡村找不到可以发展的平台和相应的工作，会向北上广深等一线大城市流动；另一方面，随着城镇化发展，普通市、县劳动工作机会进一步增多，普通农村青壮年劳动力离开农村进入城镇打工务农。长此以往，青壮劳动力定居城镇，逐步会将父母接出乡村，导致农村劳动力严重缺乏，农村人口逐渐减少，农民适应生产力发展和市场竞争的能力不足。

11.2 新时代乡村振兴历史进程下的转变

2018—2022年，是实施乡村振兴战略的第一个5年，乡村发展振兴不断取得实质性进展，巩固脱贫攻坚成果同乡村振兴进行了有效衔接。

11.2.1 城乡差距的逐步缩小

乡村振兴战略，统筹城乡发展，城市、农村双轮驱动的效果初步呈现。随着国家的大力投入，建设美丽乡村等规划的目标的设定，农村基础设施建设取得很大进步，许多中西部老旧乡村搬出旧居住地建设起了新的宜居乡镇，落后的取暖、居住等生活方式在政府的引导下进行逐步改造，打造绿色、健康的生活方式；乡村学校、乡镇卫生所进一步升级改造，支教、援教活动密切；一线城市医院与乡镇卫生所挂钩帮扶甚至远程医疗；国家每年都在进一步提高农民的养老和医疗待遇保障。城乡差距呈现逐步减小趋势。

11.2.2 多样的发展模式正在凸显

当今农村发展较原来有了较大改变，尤其在互联网经济的帮助支持下，许多乡村开展了特色农业、乡村旅游等产业，蹚出了一条一、二、三产业融合的新路子。不少乡村电商平台售卖农产品，将地方特色农产品推广到全国各地，同时带动运输、采摘、农家旅游等新兴产业模式；有些乡村发挥地理风景优势，开展旅游、打造民宿，做强做优文旅经济，将往日乡村打造成了好口碑的旅游度假胜地；同时在国家引导下，不少企业下乡，投产助农，一方面投资办厂，带动经济；另一方面科技引入，转变传统农业生产模式向更为高效集约、绿色健康的方向发展。

11.2.3　国家精准有力扶持的配套政策

遵循外部帮扶与激发内生动力相结合的原则，扶持主要在于逐步提升农户的内生动力。过去城乡的二元结构长期导致了政府和基层组织代替农民行使参与权，同时青壮人群外流导致空心化、老龄化的农民群体主动性也随之弱化。持续多年的脱贫攻坚战也为各级政府和组织集聚了丰富的乡村变革和管理的成果与经验，为乡村振兴奠定了良好的基础。当今的精准施策：通过扶持生产和就业发展一批、通过易地搬迁安置一批、通过生态保护脱贫一批、通过教育扶贫脱贫一批、通过低保政策兜底一批，让乡村发生了翻天覆地的变化，向着产业兴旺、生态宜居、乡风文明、治理有效、生活富裕的总要求大步迈进。

11.2.4　人才回流带来的勃勃生机

在“留”与“流”的问题上，与过去人口向城镇的单向移动不同，近几年我国农村人口更多呈现出“往返流动”特征，一部分农村人口从城市回流并留在了农村生活：一方面县域包含着“县城－乡镇－村庄”的三级体系的进一步融合，让许多人在县、镇工作，在乡村居住成为可能；另一方面完善的公共服务体系，数字技术赋能给农村经济社会发展与农民生产生活带来巨大变革，让年轻人返回农村就业、创业成为可能。

11.3　新形势下乡村发展的现实需求

乡村振兴，基础是产业兴旺，关键是产业振兴。相关调查显示，乡村人民对乡村振兴的信心“极大”“较大”，近半数被调查者认为：在乡村振兴中难度最大的是产业兴旺，纵览全局，在历史及地理因素的作用下，我国乡村产业仍然以传统型为主，想在市场大潮中走向兴旺，就需持续提高竞争力。

11.3.1 乡村发展以农业为主要需求

粮食作物作为不少行政村的主导产业，近年来规模经营呈现一些积极变化。在农业生产扶持政策和粮食价格稳步上涨的背景下，一些地方种粮大户积极性在稳步提高，经营规模正在“扩容”。相关调查显示，在371位种粮大户中，52.29%的大户表示将扩大种粮面积；19.14%的大户表示将扩大30%以上；43.67%的大户表示种粮面积没有变化；仅有4.04%的种粮大户表示将缩小种粮面积。很多乡村也通过种植优质农作物，提高单价销售，用优质、品牌、走差异化道路为这个村推进产业振兴、村民增收带来了机遇。

11.3.2 乡村发展呼唤人才

虽然近几年我国农村人口呈现出“往返流动”特征，但在如何最大程度、正确发挥人才的作用，给予人才多样化的、足够的机会和平台，增强乡村留住人才的吸引力等方面还存在着很大的不足，这也造成了没有人才难以发展，没有发展吸引不了人才的恶性循环；随着互联网“村村通”的发展，各类信息高速涌入，网络平台上大量加了“滤镜”信息，对迫切寻求发展的乡村人民造成了误导，很多乡村走过弯路、交过“学费”。例如，在网络夸大的宣传下，有的人盲目养鹅，花数万元购买了孵化设备，结果销售出现难题，投资全泡汤。因此，随着信息化的高速发展，乡村的发展更需要相应的人才进行正确引导，这也使乡村发展对人才的需求更加迫切。

11.3.3　乡村发展需要全产业链作为基础

“拿不到优质的种子”“种了卖不出去”“好一年，坏一年，没有稳定的销路”……这些抱怨反映出农业全产业链发展仍有诸多困难，而这也造成了生产成本总体持续上涨，乡村缺乏特色的主导农产品品牌，农产品附加值难以提升等问题，制约了种植养殖效益的增加。

从定义上看，农业全产业链是乡村产业发展的“升级版”。乡村产业，根植于县域，以农业农村资源为依托，以农民为主体，以农村一、二、三产业融合发展为路径，地域特色鲜明、创新创业活跃、业态类型丰富、利益联结紧密，是提升农业、繁荣农村、富裕农民的产业。其实质是将以农业农村资源为依托的二、三产业尽量留在农村，把农业全产业链增值收益和就业岗位尽量留给农民。

而农业全产业链正是围绕区域农业主导产业，将农业研发、生产、加工、储运、销售、品牌、体验、消费、服务等各个环节、各个主体链接成紧密关联、有效衔接、耦合配套、协同发展的有机整体，推动农业从抓生产向抓链条、从抓产品向抓产业、从抓环节向抓体系转变。因此，农业全产业链是乡村产业高质量发展的产物，是构建现代乡村产业体系的前提，能为全面推进乡村振兴和农业农村现代化提供有力支撑。

11.3.4　乡村发展的金融需求

在乡村振兴进程中，农民的金融需求一方面包括了农民传统的金融需求，同时还会拓展到与城镇居民相同的那些金融需求。随着农村生活水平逐步提高，农民会有提升自身素质、改善生存环境、提高生活质量等消费金融需求。乡村振兴的最终目标就是要提高农民的生活水平、提升农民的获得感、实现农民自身发展，所以要首先满足农民的金融需求；另一方面，龙头企业带领农民开辟和进入市场，组织农民进行生产，完成农产品生产、加工、销售和流通，龙头企业的盈亏成败，将影响到农业产业发展和农民收入增长，关系到农村产业增值和农民获得效益。

乡村振兴过程中要把培育壮大龙头企业作为重点，大力发展龙头企业的各种新业态，包括冷链物流、物流配送、电子商务、直营直销、直播带货等，支持龙头企业开展农产品精深加工、农产品原料基地建设。农村各类金融机构需要加大对龙头企业的支持。

11.4　未来乡村振兴还将怎样发展

11.4.1　整体上重塑城乡关系

重塑城乡关系，城乡融合发展，是乡村振兴的必经之路，如何处理好城乡关系在一定程度上决定着乡村振兴的成败。城乡结合的新发展格局是全国统一大市场的迫切需求，城乡之间资源和市场的不统一不完善是全国大市场经济循环的堵点；同时城乡结合对于拉动投资和促进消费的意义重大。尤其近些年疫情等因素影响，经济发展面临需求收缩、供给冲击、预期转弱三重压力。推动城乡基础设施和公共服务设施一体化发展，将会开辟巨大投资空间，带来城乡居民生活品质提升，巨大消费潜力得到释放；从劳动力角度，要逐步放宽落户政策，让一些农民进城，转化为新市民，同步在城里人入乡上也要健全配套措施，探索人才激励机制；从土地角度，要进一步推进深化农村宅基地制度改革；从资本角度，要逐步建立健全金融支持城乡融合体系，加强涉农资金统筹整合，吸引资本投入，营造稳定的营商环境。

11.4.2　深化供给侧结构性改革

深化供给侧的结构性改革，推进农业产品结构、产业结构的优化升级，加快构建现代农业产业体系、生产体系、经营体系。完善体制、创新机制，理顺政府和市场的关系，全面激活市场，积极稳妥改革粮食等重要农产品价格形成机制和收储制度，让粮价真实反映市场供求情况，从而指导并调节经营主体生产和消费者的需求，实现供需有效平衡匹配。

11.4.3　全力促进产业兴旺

要实现产业振兴、农业现代化，就是要率先搞好农业生产，提高劳动生产率，提高效率，减少农业生产的成本和时间，包括农作物的耕种和收割、农产品的生产和加工等各类农业生产。

这需要现代化的机器设备、专业化的生产流程、集约化的经营方式，需要将科技更多地应用于农业，将智能化机器设备更多地应用于农业，农业科技化、智能化过程需要作为乡村机械化发展的重点目标，通过加大资金投入、提供信贷资金等方式帮助农业科技研发，实现农业机械设备的升级。

11.4.4　引导人才在乡村振兴中发挥作用

乡村振兴不仅需要经济扶持，在实际推动过程中，还需要“人”，乡村振兴离不开人才支撑，对于乡村振兴所需要的农业现代化人才和农村现代化人才，必须大力培养和引进。让新型农村人才队伍成为乡村振兴的“新引擎”。

一是条件吸引人才留住。农村地区同样可以探索出台人才引进政策措施。可将一批产业发展好、村容建设美、示范效应强的典型村庄作为人才培养、毕业生实习的实用人才培训基地。同时加大农村人才留用的福利政策，在住房、医疗、养老、补助、子女上学等方面给予一定的利好政策，从而达到引人才、留人才。在人才对待上要做到"不拘一格降人才"，无论是新型职业农民、现代化农村人才，还是传统手工艺者、技术能人、岗位达人，都要做到引进来，用得上，从而发挥人才的引擎作用，增强农村治理和发展的活力、动力。

二是政策鼓励人才引入。脱贫攻坚战略中指出要做好人才智力政策衔接。建立健全引导各类人才服务乡村振兴长效机制。继续用好农村义务教育教师特岗计划、高校毕业生"三支一扶"计划、重点高校定向招生计划、全科医生特岗和医学院定向学生培养计划等政策，持续向农村地区培养人才，输送人才。贯彻落实中央五方面部署：（1）大力培育新型职业农民；（2）加强农村专业人才队伍建设；（3）发挥科技人才支撑作用；（4）鼓励社会各界投身乡村建设；（5）创新乡村人才培育引进使用机制。尤其在新型职业农民和农村专业人才队伍上，精准培养，细化专业，创新方式方法，做到人尽其用。同时开展好本地人才的培养，政府联系企业、高校，或请进来、或送出去，对本地农民进行专业化、技能化教育培训，进一步培养农村实用人才，提升广大农民干事创业的活力和能力。

三是激发人才创新活力。用创新现代的发展前景来吸引人才，农村经济环境相对薄弱，创业风险较之城市更大；产业模式单一，干事创业较为呆板、困难，要改变现状，需要结合城乡统一协调发展思路，因地制宜地找到农村发展的特色产业和新兴产业。人才需要平台，农村产业需要人才来参与，这样的共需共存，才能激发广大青壮年的激情和干事动力，在广阔的农村天地发挥才能，从而以点带面带动农村整体特色产业的发展。

11.4.5 打造全产业链

要实现农业一、二、三产业的融合发展，需要充分发挥农业全产业链的建设作用，打通农产品的生产、销售、流通等各个环节，充分利用互联网电商平台，打开农产品线下和线上的销售渠道，实现农产品双通道销售、流通。近年来，河南省漯河市创建了成功典范。通过紧紧抓住“粮头食尾、农头工尾”，围绕“产业链、价值链、供应链”，探索出“三链同构、农食融合”全产业链发展模式。一是以农业产业化联合体为载体，打造农业全产业链。2020年，已组建农业产业化联合体25个，拥有100家龙头企业、200家农民合作社和家庭农场，年产值突破900亿元，带动农户25万个，户均增收3000多元。二是以“产学研用”公共平台为载体，促进农业全价值链提升。搭建研发平台84家，每年研发新产品300个以上；设有328个涉农产品检验检测机构，主导制定各类标准400多项；打造农业食品企业各类知名品牌150个。三是以粮食“产储加运销”体系建设为抓手，促进农业全供应链贯通。建设智能装备产业园、食品饮料包装专业园、宠物食品科技产业园，打通跨域联系点；形成集粮食买卖、行情资讯、物流服务、金融服务于一体的电商服务平台，联结各类市场3000多个；发展以冷链物流为重点的食品冷链物流企业24家，保障田头到餐桌的供应，形成了完整优质的产业链。

11.4.6　走绿色发展道路

绿色发展即是生产绿色农产品，同时也是保护和建设好绿色生态环境。

一方面，农村生态环境建设要改善乡村居民的居住环境，最起码污水不乱排、垃圾不乱放、有公厕可以上，并在此基础上改善居民的住房、装修条件，改善乡村的村容村貌，使村民们居住在整洁、干净的村庄里，生活在空气清新、青山绿水的生态宜居环境中。

另一方面，突出绿色优质农产品的供给和深入挖掘农业多样性，加大对农业资源环境突出问题的综合治理，减肥减药，搞绿色种植、循环种植、休耕轮作、生态修复，实行以水定产限产，切实把过量的农药化肥减下来，把超过生态承受能力的边际产能退下来。乡村是生态环境的主题区域，也是现代农业和粮食安全的主战场，生态涵养和生物多样性保护的主阵地。推进乡村绿色发展，是实施乡村振兴的重要推动力，也是乡村振兴的现实需求。要贯彻绿色发展理念，由“保护环境”转向“生命共同体”，深化对自然生态的认知。将生态产业产品和绿色生态环境融合在一起，生态产业是绿色发展关键，没有兴旺发达的绿色产业，保护环境就是一句空话。要盘活绿色资源，优化绿色生态产业，推动绿色环境发展。

11.4.7 创新乡村治理体系

完善的乡村治理机制是实现乡村振兴战略目标和推进国家治理能力现代化的必然要求。一方面实施多元共治，将党委、政府、民众及社会多种力量合理运用起来，确保主体作用发挥的质量，其中党委发挥好领导作用，政府担负起治理工作职责，民众及社会力量积极参与，并做好监督及配合工作。同时政府要引领金融资本加入，健全适合农村农业特点的金融体系，把金融资源配置到农村经济社会发展的重点领域和薄弱环节，切实做到全民覆盖和普惠共存，从而提升广大群众的幸福感和参与度。另一方面因地制宜，我国各地乡村综合情况不同，各地区优势与短板并不一致，如果强行生搬硬套无法达到预期目的。在实际治理中，需要充分运用民众主体作用，制定相应的管理条例、措施，既能形成有效约束，也能确保农民自主权、自治权以及参与权。

11.4.8 加大金融支持力度

乡村振兴基础是产业兴旺，关键是产业振兴，这离不开金融支持。金融是支持乡村振兴的重要因素和力量。提高现代农业的专业化生产流程、集约化经营方式，主要金融机构提供信贷资金来帮助农业科技的研发，和设施设备的升级；一、二、三产业的融合，需要充分利用网络电商等平台手段，打开销售渠道，这一过程需要农村金融机构提供创新的产业链贷款融资；绿色农业发展，改善乡村的村容村貌，使村民们居住在整洁、干净的村庄里，生活在空气清新、青山绿水的生态宜居的环境中，这些改善和建设过程同样需要农村金融机构的资金支持；提升农村基础设施建设，缩小城乡差距，优化环境吸引人才，也同样离不开金融的支持。金融支持中以农民的金融需求为首要导向，结合龙头企业金融需求和合作社、农场的金融需求，金融机构进行考评项目，积极合理给予支持。

11.5　小结

新时代下的乡村，各地农村农业产业现状与经济基础状况有较大的差别，各地发展优势、重点与发展模式也有所不同。虽地区不同，情况不同，但乡村振兴的目标是一致的，原则是相通的，人才、金融、全产业链的发展在乡村振兴中具有很强的普适性。

第12章

Chapter 12

他山之石——全球乡村振兴现状研究

12.1 总论

乡村振兴战略是习近平总书记2017年10月18日在党的十九大报告中提出的战略。实施乡村振兴战略总要求是：产业兴旺、生态宜居、乡风文明、治理有效、生活富裕。党的二十大报告指出：全面推进乡村振兴，扎实推动乡村产业、人才、文化、生态、组织振兴。《中共中央 国务院关于实施乡村振兴战略的意见》明确实施乡村振兴战略的目标任务表：2020年，乡村振兴取得重要进展，制度框架和政策体系基本形成；2035年，乡村振兴取得决定性进展，农业农村现代化基本实现；2050年，乡村全面振兴，农业强、农村美、农民富全面实现。

在城市化进程中如何应对乡村发展危机、促进乡村繁荣发展，是大多数国家曾经或将要面对的一道难题。在农业农村现代化的发展进程中，不仅存在共性因素，同时也会呈现出一致性特征。梳理发达国家农业农村现代化的过程，特别是对照不同发达国家在不同时代的农业农村发展，能够观察到农业生产方式、农产品供应、农业技术进步以及农村居住形态都发生了很大变化。通过对照发达国家的经验，不难发现既有的城乡融合发展仍然是基于传统二元视角的人为建构，而未来现代化的路径更倾向于一元化的内生演进。乡村振兴政策体系是由不同政策体系构成的一个多目标、多维度的复杂政策系统，涵盖了方方面面，我国正处于向高收入国家的过渡阶段，通过汲取发达国家农业农村现代化的发展经验，总结有关农业专业化、城乡融合发展、农业支持保护等方面的启示，探索适合中国发展的内生演进路径尤为重要。

本章将放眼全球，对于国外乡村振兴的发展实践进行了梳理和总结，并从成功的经验中提炼出适合我国乡村产业振兴的启示，为新时代的中国乡村发展提供策略和方向。

12.2　全球乡村振兴最佳实践

12.2.1　德国乡村振兴

德国城市化起步较早，在其城市化的不同发展阶段，乡村地区面临的问题和挑战有较大差异，采取的应对措施也在不断调整完善。在城市化率接近和超过70%以后，德国应对乡村衰落的主要做法是：以产业的“逆城市化”增加乡村就业机会，以“村庄更新”改善乡村人居环境、提升乡村居民生活品质，以欧盟“引领项目”促进乡村地区综合发展，创新发展推动乡村“再振兴”。欧盟促进农村地区综合发展最主要的项目是：“农村地区发展联合行动”项目（LEADER，源于法语Liaison entre actions de développement rural）。德国的经验表明，均衡的城市化和生产力布局更有利于城乡互动、促进乡村地区发展，土地整治是促进乡村振兴的重要平台和切入点，不同发展阶段乡村衰落的内在逻辑不同、促进乡村振兴的策略也必须相应调整，促进乡村振兴有必要营造社会氛围、集聚人气。

（1）德国乡村振兴的背景

德国早在1850—1855年城市化率就超过30%进入城市化快速发展阶段，在1890—1895年城市化率超过50%进入以城市为中心的发展阶段，在1955—1960年城市化率超过70%进入后城市化时期。由于1871年统一之前德国大小城邦林立、长期处于四分五裂状态，加之后来国家空间规划和区域政策有意识地引导工业企业向小城市和镇布局，从而使德国城市化呈现出一个突出特征，就是城市的分布和规模结构非常均衡，以小城市和镇为非农人口的主要承载空间。目前德国人口规模为8200万人，有大小城市2000多个，其中，生活在10万人以上城市的仅占全国人口的31.7%，生活在2000人以下村庄的约占全国人口的8.5%，其他60.6%的人口生活在2000

至10万人的小城市和镇。大部分城市和镇以都市圈的形式联结在一起，既在空间上分散布局，又在经济上紧密相连。例如，德国第九大城市杜塞尔多夫市区人口只有57万人，但以其为龙头的500公里半径范围内却聚集着1150万人口。这种城市化格局，有利于促进城乡互动、带动乡村地区发展。

尽管如此，德国进入城市化快速发展阶段后同样面临乡村发展危机问题。在城市化率30%—50%的发展阶段，也就是19世纪中叶至19世纪末，农村人口大量流入城市、大片土地出现荒废，乡村景观和生态环境遭受工业化城市化的破坏。在城市化率50%—70%的发展阶段，也就是20世纪初至20世纪60年代，人口和就业向城市的集中导致乡村人口进一步减少，乡村“空心化”更加严重，村庄衰落趋势更加明显。在城市化率超过70%以后，也就是20世纪60年代以后，无计划的“返乡运动”，导致农村地区建筑密度增大、交通拥挤杂乱、土地开发过度、土地使用矛盾加剧，工业化思维的建设改造破坏了农村原有的村落形态和自然风貌。乡村经济的不景气使德国面临乡村振兴的挑战。不同发展时期德国应对乡村发展危机的做法有较大差异。1855—1890年，即城市化的发展阶段，德国主要是通过建立移民委员会，建设农村居民生活点，在增加中小农户数量的同时，开展保护乡村自然景观的“家乡保护”运动。在20世纪初至20世纪60年代，德国先后实施了移民垦殖和定居点建设，同时创造就业机会、制定农业支持政策以增加农民收入。

第二次世界大战以后，联邦德国在经济快速发展的过程中面临着城乡之间、各联邦各州之间以及东西部之间发展不平衡的问题。战后德国的农村经历了不同的发展阶段，从日趋衰落的传统村庄到逆城市化后重新获得吸引力的现代化居住区，这些过程虽然大大改善了农村的基础设施和整体环境，但是也破坏了农村地区原有的形态和优美的自然风貌。

自20世纪70年代以后，德国制定了乡村发展和更新规划，并实施“我们的乡村应更美丽”的行动计划。90年代以后在可持续发展理念的影响下，提出“村庄即未来”的乡村建设口号，大力发掘乡村地区的生态、文化价值，在旅游、休闲产业方面取得了巨大成功。

（2）德国乡村振兴的举措

20世纪60年代以后，德国应对乡村衰落的做法更加全面与成熟，主要有以下几种做法。

第一，以“村庄更新”提升乡村居民生活品质。

村庄更新是一项由国家资助的，旨在改善村庄或者具有乡村结构的城区建设、交通技术和文化关系的计划。这个概念于1954年第一次被提出，在《土地整理法》中，政府将乡村建设和农村公共基础设施完善作为村庄更新的重要任务。两德统一前，这项计划在联邦德国（即前西德）已经实施了近40年。第二次世界大战后，由于东西两德农村发展状况完全不同，两德统一后原东德地区的村庄表现出更多的更新需求。因此，村庄更新的权利转移到了“新”联邦州（即原东德的各个州）。在1975年生效的联邦德国（西德）空间秩序规划规定，要为所有的地区提供适当且均等的生活条件。这不仅是作为刺激农村地区经济活动的一项倡议，也是乡村发展/村庄更新结合土地整治规划和未来投资计划等项目启动。1984年乡村发展/村庄更新被纳入由联邦德国（西德）农业部负责、由联邦德国（西德）政府和州政府共同承担的农业结构和海岸保护改善（GAK：Gemeinschaftsaufgabe Verbesserungder Agrarstruktur und des Küstenschutzers）任务。加之欧盟层面也制定了相应的农业农村政策以改善农村地区现状，防止乡村衰败。于是州级村庄更新计划就可以从GAK、欧盟以及州政府获取经济支持。村庄更新是除城镇改造之外促进农村地区发展的另一个重要而有效的工具。两德统一后，村庄更新成为德国“新”联邦州农村发展的一项关键政策。德国村庄更新的周期虽然漫长，但是所发挥的价值和产生的影响都是深远的，对于乡村治理来说，这种对村庄循序渐进的发展步骤更能使农村保持活力和特色。

经过长期发展，村庄更新计划已成为“整合性乡村地区发展框架”，旨在以整体推进的方式确保农村居民能够享受同等的生活条件、交通条件、就业机会。村庄更新计划包括基础设施改善、农业和就业发展、生态和环境优化、社会和文化保护四个方面，由政府主导，欧盟、联邦政府、市级政府共同筹资实施。当地政府通过土地整治项目，鼓励地主将土地优先卖给政府，以便于整体规划乡村建设，并以此保障为居民提供较为便宜的住房和为产业提供低成本的用地。采取自主申请、公开遴选、后补助支持的方式对私人住宅进行改造。在实施过程中，鼓励居民广泛参与项目决策和规划设计，积极引入专业机构提供设计、评估、认证，促进了多方面合作，形成多方联合参与推进乡村建设的行动者网络。

村庄更新计划，主要由政府支持推进，其资金50%来自欧盟，25%来自联邦政府，剩余25%由市级政府筹集。当地政府通过土地整治项目，鼓励地主将土地优先卖给政府，以便于整体规划乡村建设，并以此保障为居民提供较为便宜的住房和为产业提供低成本的用地。

第二，以产业“逆城市化”增加乡村就业机会。

第二次世界大战结束后，大规模重建使城市成为经济和生活的中心，加之农业机械化使大量劳动力从农业中解放出来，乡村人口大量减少，缺乏生机活力。针对这种情况，1954年和1955年原联邦德国先后颁布《土地整治法》和《农业法》，推动小规模农户退出后的土地流转集中、发展农业规模经营，推动完善乡村基础设施、提高乡村生活水平。通过完善产业基础设施和功能区布局规划，强化小城市和镇的产业配套与服务功能，增强其对大企业的吸引力，让在小城市和镇工作、回乡村居住成为理想的工作生活方式，形成了产业和人口的“逆城市化”发展趋势。德国排名前100名的大企业，只有3个将总部放在首都柏林，很多大企业的总部设在小镇上，比如：贝塔斯曼集团、大众、奥迪、欧宝的总部分别在居特斯洛、沃尔斯堡、因戈尔施塔特和吕瑟尔斯海姆小镇上。这在很大程度上带动了乡村的现代化，促进了城乡的均衡协调发展。德国乡村的现代化与政府在20世纪60年代推行的“城乡等值化”发展密切相关。同样面对城乡发展失衡的问题，同样面对城市化的路径选择，德国选择了小城镇方案和城乡“等值”发展而非“同质”发展的道路。1965年德国颁布《联邦德国空间规划》，以法律形式规定乡村建设要赋予乡村居民与城市居民一样的生活、工作、交通等条件，在保持乡村原有社会结构的同时，加大对道路管线等基础设施的建设，教育医疗等公共服务的供给，在城乡生活水准等值的前提下达成区域之间有益的互补。这不仅使得乡村可以吸引人，更使得乡村能够留住人。

案例①：1988年，德国的汉斯·赛德尔基金会与我国国土主管部门签订土地整治合作项目，选择一个村作为试点。山东省青州市的南张楼村争取到了这个项目。德国专家按照“套娃理论”，以“城乡等值化”为目标，指导南张楼村制定了土地整治和“村庄革新”规划。20多年来，南张楼村在德国专家指导下，把全村近10平方公里的土地建成农业区、工业区、生活区和文教卫生区，让人们看到了一个实实在在的“生产发展、生活宽裕、乡风文明、村容整洁、管理民主”的新农村。

第三，土地合并带来农业规模效应。

大规模的农场不是一开始就有的，而是土地不断合并的产物。20世纪初，德国就以法令结束了农村的自由发展状态，1936年颁布的《帝国土地改革法》详尽规定了农村给排水设施建设、土地合并、荒地开发等事宜；50年代开始又先后通过《农业法》《土地整理法》，允许土地自由买卖，促进土地合并，鼓励农场规模化经营。直到现在，德国的土地合并仍在持续进行中。联邦统计局统计结果显示，截至2016年，德国一共有275400个农场经营管理全国1670万公顷的农业用地，比2013年农场数量减少了9600个。土地合并给农场发展带来规模化效应，也让大规模使用农业机械成为必然。行走在乡间，随处都能见到单人驾驶的除草车，在陡峭的山坡上如履平地的农药喷洒车，以及可以翻土、施肥、修枝等的多功能农用车，这极大程度地提高了德国农业生产效率。德国法律严格限定了土地类型和用途，农业区、工业区、生活区泾渭分明，虽然是土地私有，但是农业用地只能从事规定的农业项目，农场主不能随心所欲地改变土地用途，农业用地既不能自建住房，也不能做工商业用途，即便空着什么都不做，也得种上草而不能使泥土裸露在外。各级法律法规对生态农业、农业自然保护区、国家森林公园有着详尽的规定与规划，并得到严格执行。

第四，农协服务农民作用亮眼。

德国职业农民在德国总人口中所占比例不高，却肩负着德国粮食保障、食品安全的重任。在德国，职业农民的准入非常严格，要经过严格的实践劳动锻炼和理论学习过程。1948年以来，为保障德国农民权益、便利对外联络协调，德国农民协会（DBV）应运而生，DBV是各地农民协会以及跨地区的农业和林业专业协会在联邦层面的代表，同时它还是欧盟农民协会成员，代表德国农民参与和欧洲邻国农业组织机构的协调。全德近40万农民中，90%都是德国农民协会的注册会员，他们都是自愿加入的，德国18个联邦州有超过300个德国农民协会的分支机构。

第五，以欧盟“引领项目”促进乡村地区综合发展。

从整个欧盟来看，乡村人口的减少以及乡村年轻人失业率的提高已经成为一个突出问题。欧盟促进农村地区综合发展最主要的项目是：“农村地区发展联合行动”项目（LEADER）。该项目创立于1991年，最初是一个区域性农村发展的实验项目，采取“自下而上”的方法让当地群众参与农村地区发展的决策和管理。2007年此项目被纳入欧盟农业政策的重要组成部分，经过不断发展在各地成立了地方性行动小组，联合广泛的利益相关者共同推进农村社会发展。由于LEADER项目充分调动了当地民众和各类专业服务主体的积极性，获得比较好的政策效果。在2014—2020年的项目期内，LEADER的方法从地区发展项目扩展到所有的欧盟结构投资资金项目中。打开欧盟LEADER网页，截至2022年6月10日，正在进行的欧洲乡村振兴项目有733个。

LEADER项目主要支持以下五个方向。

一是可持续发展，包括可再生能源、环保建筑、分布式能源供应等，借此实现小区环境的改造以吸引年轻人来居住生活；

二是完善功能保障乡村的存续发展，支持医疗、教育、交通等基本公共服务设施的完善；

三是通达的便利性，支持购置和运营定制公交、班车等；

四是促进区域经济发展，支持改造建筑设施及其用途，用于发展农业、旅游、商业等多元化经济；

五是营造文化景观和修复历史遗迹，提供可参观游览的景点和历史文化传播的渠道。

案例②：以萨克森州Zweistromland–Ostelbien双河流域地区的LEADER项目为例：新时期德国乡村“再振兴”的重点在于吸引年轻人回归就业和生活。该项目区面积为919平方公里，涉及2个县的13个乡镇187个社区，居住人口为7.7万人，其中5.2万人居住在乡村。2014—2020年该地区获得的LEADER项目支持资金总额为1450万欧元，除此之外还获得欧盟32.5万欧元的农业产业项目资金支持当地特色渔业发展。该区域确定了以乡村休闲旅游为重点的发展路线，以其500年历史的特色渔业为基础，通过修缮老风车、改造废弃房屋为骑马俱乐部，改造民居为家庭旅馆和酒店等，完善观光、娱乐、餐饮住宿等旅游服务功能，并成立了10个旅游协会联合申请项目进行系统打造。各类改造项目采取先建后补的方式，由LEADER项目提供70%的补助支持。随着产业功能的强化和居住环境的提升，2015—2018年该地区吸引了40个青年家庭落户生活。

第六，以生物质资源利用促进乡村产业融合。

德国将可持续发展作为国家战略予以持续推进，支撑可持续发展战略的一个重要方面是生物质资源的利用。2009年德国联邦食品与农业部和联邦环境、自然保护与核安全部联合发布的《国家生物质能行动计划》。2013年德国联邦食品与农业部发布的《国家生物经济政策战略》，均将生物能源、生物原料开发利用以及生物废弃物利用作为创造乡村就业机会、提高农业增加值和保护乡村生态环境的重要手段。

一方面，生物质资源的利用扩大了农场收入来源，解决了农业废弃物污染问题。德国对生物发电厂给予装机设备和上网电价补贴支持，约定了20年对每组发电机的一半产能以0.19欧元/度并网收购，而正常并网发电价格是0.04欧元/度。根据德国新修订的《可再生能源法》，生物质能源纳入了竞标系统，这有助于生物能源运营商获得更大配额的上网电价补贴支持。德国政府要求未来三年，生物质能发电的装机容量每年平均要增加150兆瓦，之后的三年平均每年要增加200兆瓦。

另一方面，促进了农业产业链的整合和城乡融合。分布在乡村地区的生物发电厂基本都是农场入股成立的，具有紧密的利益联结关系。因为能够从发电厂获得分红，农场主都积极将作物秸秆运送到发电厂；同时产生的沼液又由农场主免费拉回去作为生物有机肥，促进了生态农业的规模化推广。在农业加工产业链上，种植者与企业也以股权为纽带紧密相连，形成互促互利的良性发展模式。

案例③：下萨克森州的甜菜种植农场组成甜菜种植者协会，入股参与两个糖料加工厂，派出代表监督糖厂的甜菜收购、扣杂、付款和利润分配；糖厂与种植农户签订订单进行配额生产，形成稳定的供销关系。2017年德国甜菜种植补贴取消后，尽管甜菜生产者的种植收益受到较大影响；但因为能够分享下游糖加工技术进步带来的糖产业收益的增加，并没有影响甜菜生产者的种植积极性。

12.2.2 韩国乡村振兴

韩国农业资源稀缺，耕地面积仅有国土面积的17%左右，人均耕地面积约0.05亩，远低于欧美发达国家，农产品大多依赖进口。韩国在20世纪初中期耕地面积稀少，人口众多，且农业发展落后，粮食产量严重不足，大部分农民处于饥寒交迫的状态，社会动荡不安。1970年以提升国民生活水平为宗旨，展开了“新村运动”，彻底改变了韩国乡村落后萧条的状况，有效拉动了国民经济的增长，获得了巨大的经济、社会效益。

（1）韩国乡村振兴的背景

韩国经济在第二次世界大战后受到巨大冲击，乡村发展陷入举步维艰的境地，农业落后一直持续到20世纪60年代。经济萧条、农业基础条件差、粮产不足激发了很多社会矛盾。为了改善乡村状况，韩国先后四次进行国土规划。第一次国土综合开发规划为1972—1981年。随着新村运动的兴起，韩国农村经济开始腾飞，村容村貌开始大幅度改善，人民生活质量显著提高。新村运动以农民为主体，以农民脱贫致富为内在动力，以农民的个人实践和政府的扶持为主要形式开展了诸多大型社会实践活动。广大人民群众和学者、公务员通过亲身实践逐步总结经验，鼓励农民改善生活环境，脱贫致富。为了促进乡村产业的发展，追赶城市产业发展的步伐，韩国政府对农村空间进行合理规划与布局，制定相应的政策支持。1973年，韩国政府提出“新村工厂”计划，积极引导首尔、釜山等发达地区的工厂向农村扩散和转移，对促进乡村产业经济发展发挥了重要作用，韩国乡村空间规划进入快速发展阶段。第二次国土综合开发规划为1982—1991年。通过第一次国土规划，韩国的国力和工业化水平得到了大力提升，但是以首尔为中心的人口和产业集中程度过高，地域发展失衡严重。新技术革命的发展使得韩国政府意识到乡村空间功能价值的重要性，因此韩国政府在乡村空间规划中着重进行乡村公共设施建设，对乡村进行综合开发，缩小城乡差距，实现乡村空间功能价值。第三次国土综合开发规划为1992—2001年。将乡村建设重点放在培育西海岸工业空间上，形成分散化国土格局。第四次国土综合开发规划为2002—2020年。乡村空间规划、开发布局迎来新的发展契机。韩国整合城乡管理机构，颁布一系列法律法规，打破传统的城乡“二元化”管理模式。随后，以《国土基本法》为基础的《关于国土计划及利用的法律》的颁布实施标志着韩国进入城乡“一元化”管理新格局。自此，韩国乡村发展实现新的突破，产业经济不断向好、生态环境日益改善、人民生活质量逐步提高。

（2）韩国乡村振兴的举措

为了促进农业产业融合发展，韩国积极实施了以下几个阶段的工作：申请、经营主体识别、详细规划制定和实施，由国家农业主管部门负责“实施工作”，地方各级农业部门协调配合。在促进韩国农业产业融合的过程中，一般是以农村居民或地域为基础，突破相对较小的“农业”生产领域，逐步从供给结构模式向消费需求结构模式转变，充分依靠创造力，不断开拓新的市场，提供新的工作岗位。韩国农业产业融合主要体现在探索农业、食品加工业、流通业、零售业、服务业等全面整合的途径上。乡村产业在韩国农业发展过程中，充分担当增加农民收入、激活农村经济的重要任务。韩国农村产业融合发展具有以下特点。

第一，农业产业融合发展方向多元化。韩国的农业产业融合主要表现为横向水平发展、纵向垂直发展以及农工商一体化发展。横向发展主要是促进农村农业发展，提高农产品发展质量，扩大农业发展规模，增加农产品种类，促进农产品多样化。纵向发展则是为了促进农村产业融合。农村产业融合初始阶段是通过第一产业、第二产业和第三产业的叠加，扩大农业的前后产业链，形成了从农业生产、加工到销售和服务的完整的农业产业链和价值链。农工商一体化是农村产业一体化的高级阶段，即三个产业相互联系、相互耦合。通过第二产业和第三产业，不断促进和引导第一产业的发展，实现农业经济的进步、农村生活环境的改善和农民收入的增加。韩国发展休闲农业的经典表现形式是“周末农场”和“观光农园”。位于江原道旌善郡的大酱村，以合作经营为突破口，创意性地吸引游客的好奇心，利用当地原生材料、采用传统手艺规模性制作特产大酱，并且将所生产的大酱打造为养生产品，迎合现代大众的消费理念。游客在亲临大酱村休闲度假的同时，还可以深入了解当地的文化风俗，促进文化交流。以3000个大酱缸为背景的大提琴演奏会是大酱村发展休闲农业的一大招牌，是大酱村乡村旅游的一大独特创意。另外，绿茶冥想体验、赤脚漫步树林以及美味健康的大酱拌饭，增加了游客的体验性，体现了乡村旅游就地取材、地域特色浓郁的同时，又满足了修身养性的市场需求，成功地吸引了大量客源。大酱村的休闲农业以“奇”为突破口，以韩国泡菜、大酱拌饭为核心招牌，突出乡土气息，在维持原有乡村文化的同时更向游客展现了其独特的魅力。

第二，农业生产者的经营内容多种多样。随着韩国农村产业融合发展进程的不断深入，从事农产品加工、餐饮、家庭住宿等农业相关业务的经营者数量不断增加。经营者数量的增加，带动了区域农业经济的进步，有利于提升农业附加值，更好地促进农村经济的增长，推动产业融合发展。

案例④：从首尔向北有一条赫赫有名的自由路，以首尔为起点，沿汉江和三八线南岸至京畿道坡州都罗展望台，普罗旺斯村处在坡州与首尔两大城市联系的交通节点上。地理位置的优越性促使普罗旺斯村产生“路为我所用”的思维想法，与周围的Heyri艺术村、英语村共同构建风情小镇，形成规模效应共同发展休闲旅游产业，依托公路带动整个乡村走上致富的道路。首先，普罗旺斯村确定了以法国的普罗旺斯为主题的发展方向；其次，普罗旺斯村充分利用其依傍高速出口、国省道路的地理区位优势，把卖商品转变成卖服务、卖氛围、卖生活，利用公路实现乡村振兴。让消费者不单是以游客的身份吃吃喝喝、参观游憩，而是叠加了小镇居民的身份去体验这里的生活。普罗旺斯村每年接待韩国国内乃至海外游客150万人次，成为近几年首尔大都会地区的都市旅游胜地之一；最后，普罗旺斯村还在打造夜旅游产品，最大限度地延长游客停留时间。极致浪漫的灯光秀也吸引了“来自星星的你”剧组在此取景拍摄。随着电视剧在亚洲的热播，普罗旺斯村名声大噪，成为韩流旅行热门景点。

韩国新村运动

20世纪70年代，韩国政府为了改善城乡关系、推动农村发展，增加农民收入，决定在全国实行“勤勉、自助、协同”的新村运动。自主协同型的韩国新村运动模式具有科学的发展策略。以解决城乡两极分化、农村人口大量外流、贫富差距悬殊等问题。新村运动由时任韩国总统朴正熙推动和主导。朴振焕在他的著作《韩国新村运动——20世纪70年代韩国农村现代化之路》中称，新村运动是“通过参加建设村庄项目，开发农民的生活伦理精神，从而加速农村现代化的发展。”在内容上，韩国的新村运动主要包括三个方面：一是注重农村基础设施和环境的保护与建设；二是提高农民收入，注重经济发展；三是加强伦理教育，注重农民的精神启蒙，培育农民的“勤勉、自助、合作”精神，鼓励农民积极主动地投入家乡的建设活动。在韩国的新农村运动中，政府发挥了主导作用，其范围包括了全国范围的农村，通过综合性的国家政策予以支持，全方位地推动农村的综合改善与发展，同时还注重保留村庄自己的特色。韩国的新村运动对于城乡经济的协调发展和居民收入的增长发挥了积极的作用，取得了显著成就。

韩国新村运动从以下几个方面推进。

第一，推进农村基础设施建设，改造农村房屋。

第二，推动农村人口向城市转移，提高农业生产效率。

第三，推进农业现代化。一方面，在政府主导下，引进和推广种植高产量的“统一水稻”；另一方面，政府直接提供资金和低息贷款支持，推动农业机械化。

第四，注重对新村运动基层领导的培养。

第五，财政资金投入到新村运动的同时，还注重调动农民出资建设的积极性。

第六，基层农协在新村运动中，扮演着金融服务供应商的角色。

总之，韩国新村运动极大改善了农村居住条件，实现城乡均衡发展。通过新村运动，韩国只用20余年，就让农村从原先全世界最贫困的地区之一，转而实现与城市均衡发展，步入现代化。韩国在乡村实行的“自主协同发展模式”是在政府的引导和帮助下通过调动村民的积极性，提高村民的文化素养和职业技能而开展的乡村振兴模式，这种模式类似于中国的乡村扶贫举措，借助政府的力量，帮助农村建设基础设施，优化乡村农业产业结构，提高其文化素养和职业素养，最终实现自给自足，同时又能供给社会。提高乡村百姓的文化及教育水平，是现代化乡村振兴的重要环节。

企业型新农村建设

自1995年韩国地方政府开始自治，地方政府承担起了更多的乡村振兴任务，中央政府逐渐赋予地方政府更多的乡村振兴相关事务决定权。在此背景下，韩国最不发达的江原道（省）从1999年起自行实施了“新农渔村建设运动”，并在2016年更名为“企业型新农村建设”，延续至今。这是一场较为彻底的“自下而上”“由内向外”的乡村振兴实践。“新农渔村建设运动”政策在开展初期就被视为韩国乡村振兴政策的典范，韩国中央政府在制定《绿色农村体验村庄计划》（2002年）和《农业·农村综合对策》（2004年）等乡村振兴政策时，全盘采用了“新农渔村建设运动”的基本理念和运作模式，并将其推广到韩国其他地区。通过对“企业型新农村建设”政策具体实施内容的深入挖掘，我们发现，这是一个典型的社会政策与产业政策并重的乡村振兴政策，也是首次由地方政府独立实施的乡村振兴政策。“企业型新农村建设”之所以能够成功，主要是因为：第一，政策实施模式上采取了“先自律实践，后评价支援”的模式，政策对象的自主发展能力成为关键；第二，由“企业型新农村建设”可以提炼出一种典型的“内生式发展”模式，在激活乡村经济的同时盘活了乡村社会固有的活力，乡村共同体得到了加强；第三，充分发挥每个乡村的独特性，在统一框架下制定不同发展规划，注重村庄区别于城市的乡土特色；第四，大学教授在政策实施全过程中发挥绝对主导作用，角色力量超过公务员。

农业协会组织

在现代市场经济条件下，如何将分散的、高度原子化的小农群体组织起来，在生产、流通、福利等方面建立有机联系，成为考验韩国乡村振兴政策智慧的重要课题。韩国的农协组织自1961年依据《农业协同法》建立以来，也在试图对分散的小农进行整合，形成利益共同体。据统计，2019年韩国农协组织共有214万农民会员，占农业人口总数的95.5%。通过购销、农机推广、信贷、社会福利、教育文化等综合手段，服务于众多会员，成为与乡村衰退进行博弈的主要社会力量。值得注意的是，韩国农协组织不仅拥有覆盖几乎整个农业人口的农民会员，还有超过1600万人的准会员，其准会员规模远超日本。因此，韩国农协组织不仅代表农民利益，也成为城乡社会中低阶层群体的利益代表。农协的发展，有效解决了韩国乡村组织化的问题，为其他乡村振兴政策的有效实施提供了保障。

（3）韩国乡村振兴政策的经验教训

第一，当韩国政府不断为乡村振兴政策体系嵌入社会政策理念，并完成乡村振兴的社会政策转向，使乡村振兴社会政策成为乡村振兴的主要依托、乡村振兴产业政策服务于乡村振兴社会政策时，其乡村振兴政策推进方式也随之发生了巨大改变。韩国乡村振兴政策实施采取由农林畜产食品部牵头，行政安全部、文化体育观光部、环境部等多个部门配合的联合运行体系。政策实施联合体系一方面保障了政策的多样性和全面性，另一方面其弊端也逐渐凸显。其中，最突出的问题便是相关政策法规过于密集，相似、雷同政策层出不穷，不同部门间的政策联动性差，相似又抽象的政策目标，重叠的投资与执行命令给基层带来混淆。政策的执行效率、地域间的平衡性、重复建设、对政策的解读、基层接受能力等问题已经成为韩国乡村振兴社会政策实践的现实问题。

第二，长期以来，韩国乡村振兴政策以基础设施等硬件设施为重点内容，软件建设相对滞后，当工业化完成以后，软件建设难度加大，建设成本加倍，前期片面追求基础设施的弊端不断显现。同时，乡村被推向近代化的过程中所付出的环境代价是巨大的。从最初的有害垃圾就地焚烧、农药及化肥的过量使用、塑料膜和农业包装袋的回收率过低等问题到现如今的江河治理、土壤治理、垃圾处理等现实问题都给韩国乡村振兴带来不少麻烦，在乡村空间范围内如何排解这一环境代价成为韩国乡村长期面临的挑战。因此，坚持“绿水青山就是金山银山”的发展理念对于我们的乡村振兴是尤为重要的。

第三，乡村振兴社会政策实施过程中对乡村现实的把握存在偏差，导致韩国政策实施脱离乡村实情，并出现政策滞后性严重的问题。在“新村运动”时期，为了解决乡村振兴政策实施过程中资金短缺的问题，政府向乡村提供了大量无抵押贷款。这种缺乏基于农户实情和农户实际承受能力的大规模贷款最终引发了债务危机，使大量农户和村庄背上了沉重的债务负担，影响至今。另外，乡村振兴政策存在滞后性是韩国乡村振兴政策实践过程中的一大问题。例如，在乡村过疏化的应对方面至今仍未出台专项政策，乡村过疏化、老龄化不断加深的背景下出台应对过疏化的乡村振兴社会政策已成为刚需。

第四，韩国乡村振兴社会政策在提高农户收入和福利水平的问题上，将乡村旅游视为重要途径，几乎所有的注意力都集中在发展乡村旅游业上。然而韩国的经验表明，乡村旅游对乡村收入和福利的影响是有限的。当下韩国几乎所有村庄都举办庆典活动，但是1000多种乡村庆典内容雷同，滋生恶性竞争，让消费者很容易产生体验疲劳感。同时，在以“村”为单位的乡村振兴政策居多的背景下，村庄与村庄、空间与空间的相互补助和互动不足，无法形成一种地域资源网，终究很难提升乡村的综合竞争力，乡村振兴社会政策的实施缺乏后劲。

总之，随着韩国现代化步伐的加快，乡村振兴社会政策逐渐成为韩国处理乡村振兴问题的重要手段。韩国作为东亚各国乡村振兴社会政策推进的“居中者”，其乡村振兴社会政策从乡村振兴产业政策中衍生分离后，形成确立了乡村振兴社会政策体系，在乡村振兴过程中发挥着重要作用。毫无疑问，韩国从传统迈向现代的具体进程中的乡村变迁过程，尤其是这一过程中乡村振兴社会政策的形成与实践是值得我们关注的。这不仅能为中国的乡村振兴提供一面“镜子”，梳理东亚乡村振兴的经验教训及其运行规律，提炼出乡村振兴的东亚模式，而且能为世界现代化进程做出独特的贡献。

12.2.3 美国乡村振兴

我国与美国在资源禀赋、产业结构和经济制度等方面均有很大差异，但是，从宏观角度看又具有一定的相似性，即乡村发展受经济规律的支配。因此，美国的乡村发展及其产业振兴历程对我国来说具有一定的先导性和借鉴作用。

（1）美国乡村振兴的背景

美国人口调查局2018年公布的数据显示，美国总人口约3.3亿，农业从业人口约为242万，占比不足总人口的1%。19世纪末随着工业化浪潮的兴起，美国乡村劳动力出现了一次大规模的转移，20世纪20—30年代，由于农业劳动力的骤减，美国出现长达十年的农业大萧条。第二次世界大战前美国农业劳动力占社会总劳动力的比例为22%、1950年减少到12%、1970年农业人口仅占3.1%。到了21世纪之初，农业人口可支配收入已经完全超过了非农业人口可支配收入。

美国在20世纪30年代开始了促进乡村发展的实践，提出了乡村发展（Rural Development）概念。乡村发展以政府扶持、社会参与和技术援助为手段，通过立法为各项财政支持政策提供了法律保障，提高乡村居民生活质量和经济收入。重点培养乡村社区的自我发展能力，实现城乡一体化和经济增长，这对提高农民收入和实现乡村振兴都具有积极作用。随着工业化、城市化进程不断加快，城乡人口结构失调，乡村经济停滞，20世纪70年代，国会提出振兴乡村经济的议题，开启了农村政策的法制化进程。美国政府完善了立法、构建乡村发展政策管理体系，针对乡村基础设施建设、就业、环境保护等多方面进行调整与修改，一定程度上解决了城乡发展不平衡的问题，缓解了城乡之间发展不协调的矛盾。20世纪80年代，乡村传统的伐木和采矿等资源型经济日益萎缩，新兴产业步履维艰，美国政府把“振兴乡村经济”纳入了农村可持续发展的总体战略，并就农业地区的发展问题进行专题研究，出台各项优惠政策措施。从县、州一直到联邦的各级政府，对乡村发展都出台了一系列合理的规划和扶持政策，为乡村地区发展和乡村经济结构转型提供了契机。现在，美国已形成完备的乡村农业产业体系，并将政府、大学、农民、组织、企业等有机纳入农业产业体系中，确保产业的稳固发展。

（2）美国乡村振兴的举措

第一，完备的政策支持体系。

美国根据每一时期农业发展重点，制订或调整支持农业农村发展的涉农法律体系。美国政府于1862年通过《莫里尔法案》，向各州划拨联邦土地3万英亩，每州至少资助建设一所赠地大学，用于开展农业研究推广，1890年和1994年颁布完善相关法案支持新建赠地大学。1987年，为提高农业技术的适应性，美国再次出台相关农业试验站法案，支持赠地大学建立农业试验站，实施并推广《2014年美国农场法案》，并依据法案出台《气候变化政策》《低碳经济法案》等。

第二，美国政府将科技作为发展乡村农业产业的重要动力。

目前，美国有四大农业研究中心、130多所农学院、56个州农业试验站、57个地区性推广站、3300多个农业合作推广站和大约1.7万名农技推广人员。此外，还有1200家主要服务于农业领域的不同性质的科研机构。联邦政府和州政府每年对赠地大学拨款，赠地大学负责农业科技研究、农技试验推广站建设，通过培训、会议、报告、信息等对农民开展农技推广工作。以密歇根州立大学为例，学校工作人员主要负责教育、研究、出成果。设立1个推广中心，下设4个推广办公室，其中之一为农业推广办公室。农业推广办公室下设13个农技试验推广站和81个郡县办公室，负责收集农民需求、农技试验和推广工作。通过这种扁平化管理模式，美国依托赠地大学建立起了农业教育、科研、推广“三位一体”有机结合的产学研推广模式，在政府、大学与农民之间建立了有机连接，使农业科技研究能切实为实际生产服务，将最新农业科技以最快速度推广到农业生产领域。

第三，全面的农业补贴政策。

包括直接补贴、反周期补贴、奶制品市场损失补贴、灾难援助、交易援助贷款和贷款缺额补贴、作物与收入保险补贴、出口补贴7种方式。以大额补贴提升农产品竞争力。美国农业补贴具有集中性，不仅向部分出口农产品品种集中（小麦、玉米、棉花等主要出口农产品集中了美国90%左右的农业补贴），而且向大规模农业生产者集中，补贴数量与农业种植面积和产量相挂钩，大规模农产品种植能获得更多补贴。

第四，美国政府以大量的财政投入提升农业产业化水平。

一方面，支持农业龙头企业发展，全球前20大农业生物技术公司中美国占10家；另一方面，大力推动农业机械化、企业化和服务社会化。例如，位于美国加州旧金山以北80公里的纳帕谷，是美国第一个跻身于世界级的葡萄酒产地。纳帕县总面积约2042平方公里，大约有1.82万公顷葡萄种植地，谷内聚集了近300家酒庄。纳帕谷由8个小镇组成，大约有30英里长，占地45000英亩，风景优美，气候宜人。经过长期发展形成了以葡萄酒文化、庄园文化闻名，包含品酒、餐饮、养生、运动、婚礼、会议、购物及各类娱乐设施的综合性乡村休闲文旅小镇集群。现每年接待世界各地的游客达500万人次，旅游经济收益超过6亿美元，为当地直接创造了2万多个工作机会。

第五，集中资源打造个性化小城镇。

20世纪20年代，美国城市中心已经过度拥挤，加上城乡交通路网十分发达，汽车等交通工具不断普及，大量中产阶级开始向郊区迁移。顺应这一趋势，美国推行“示范城市”实验计划，结合各地区位优势和地区特色，大力建设富有个性化功能的小城镇，结合区位优势和地区特色，注重生活环境和休闲旅游的多重目标，建立带动乡村发展的人口中心和经济中心。“硅谷”位于美国旧金山半岛南端的圣克拉拉县，是该县下属的帕罗奥多市到县府圣何塞市一段长约25英里的谷地。1961年，位于当地的斯坦福大学提供了一块空地，并提供便利条件鼓励本校学生在当地进行创业，这一做法很快吸引了许多学生在此创办自己的企业。凭借斯坦福等当地著名大学的科技与人才优势，一大批研发生产半导体、计算机等的电子信息设备的高新技术企业诞生于此，其中不少成长为世界知名的企业。现在，“硅谷”已经成为高新技术产业聚集地和创业投资地的代名词。

第六，建立完备的农村金融体系。

美国农场信贷系统作为合作性金融机构，主要为农场主、牧场主、水产养殖主、农业企业、农业合作社等提供信贷服务，其信贷资金在农场部门贷款余额中的占比长期保持在41%左右，排在第一位；美国商业银行贷款在农场部门信贷余额中的占比略低于合作金融机构，排在第二位。但其服务范围远超合作金融机构，包括农业贷款、消费贷款、农村住房贷款、农村小企业贷款和社区贷款等信贷业务。美国针对农场主设计政府贷款，通过商品信贷公司以农产品营销援助贷款的形式发放。在上述政策措施的作用下，美国逐渐建立了以城市为中心、以个性化小镇为聚居区、以大型农场为农业经营主要载体的城乡发展融合格局，有效实现了城市与乡村、工业与农业的均衡发展，城乡居民收入差距不大且持续保持稳定。以格林威治镇为例，格林威治镇是一座纽约州附近的风景优美的田园小镇，集中了超过500家的对冲基金公司，其基金规模占据全美1/3。格林威治镇交通便利，到纽约的火车交通仅需40分钟，地理位置十分优越。在几十年前，当地政府便开始吸引对冲基金公司前来落户，为此制定了特别优惠的税收政策。凭借紧邻全球金融中心的地理优势和切实的税收优惠，格林威治镇不断吸引对冲基金企业前来落户，同时被吸引而来的还有一大批高端金融人才和为金融业提供服务的相关企业。金融产业和金融资本的聚集，让格林威治能够凭一镇之力影响全球经济，由此成为全球著名的金融小镇。

第七，以企业为主导引领产业发展。

美国田纳西州首府纳什维尔是美国乡村音乐的发源地。不仅有乡村音乐名人堂，还有著名的乡村大剧院，是全世界乡村音乐爱好者的圣地。在纳什维尔发展为南方乡村音乐产业中心的过程中，阿卡夫–罗斯出版公司（Acuff-Rose Music）起到了至关重要的作用。阿卡夫–罗斯公司开创性地与BMI公司开展合作，创造了由BMI提供版税收取服务、由阿卡夫–罗斯公司提供创作资助的模式，促进乡村音乐产业在纳什维尔的发展，同时吸引了雷吉出版公司和希尔出版公司，以及后成立的卡拉唱片公司和胜利公司，为纳什维尔的音乐产业发展奠定了基石，使之从一个南方小城晋升为全美乃至世界的音乐产业中心。位于美国西部的磨坊之星加工企业，拥有5家小麦加工厂、3家食用豆加工厂、12个谷物储存仓，是全美第11大谷物加工企业。农户种植的玉米由企业统一收购运往加拿大出售，农户足不出户就能将玉米卖出优势价格，极大地刺激了周边农场种植玉米的积极性。同时企业为了保证自身的原料质量，会发布原料需求清单，有效引导农场主种植所需品种，与农场主之间形成互利互惠的共生关系，带动所在地区的产业发展。

12.2.4 日本乡村振兴

日本的“农村振兴运动”开始于20世纪30年代，主要原因是1929年美国经济大萧条传导到日本国内，从而导致日本经济尤其是农业经济经营惨淡，再加上日本国内农业相关团体对农村危机的不断渲染，到20世纪30年代，日本政府迫于压力宣布对农村地区基础设施建设进行资助。第二次世界大战后，日本采取了一系列政策大力发展农业，取得了显著成效。1985年日本乡村的冰箱、洗衣机等家用电器普及率已经和城市持平，1998年日本农民人均收入还比城市职工高4.6%。日本的农业产业发展扶持政策和经验对现阶段我国打赢脱贫攻坚战、实现精准扶贫、提高农业发展质量、实现乡村振兴具有重要的借鉴意义。

（1）日本乡村振兴的背景

日本是个典型的岛国，陆地面积约38万平方公里。山地面积占国土面积的71%。平原面积小，人均耕地面积仅为0.04公顷，以小农生产为主，兼之农业比重较大，农业发展水平存在明显的区域差异，这与中国农业发展现状有着很强的相似性。

日本推动乡村振兴的原因主要有两点。

第一，日本在工业快速发展的同时，由于政府压低农产品价格，城乡收入差距扩大。

第二，日本农村出现空心化的问题。与中韩开始乡村振兴时需要加快农村人口向城市转移不同，日本面临的问题是农村人口流出过快。

日本的乡村振兴开始于1953年，1961年开始加速。因为1961年日本实施《农业基本法》，将农业政策的定位从原先的产业政策调整为社会政策，农业政策的目标也从增产变为缩小城乡收入差距。这一版的《农业基本法》，还首次提出“要完善乡村交通、卫生、文化等基础设施，改善生活、妇女就业环境，提升农民福祉水平。”

（2）日本乡村振兴的举措

日本乡村振兴和产业发展的过程大致可以分为三个阶段。

第一阶段（1946—1960年）的主要工作是完善相关制度，以粮食生产为首要考虑因素，以促进粮食增产为根本前提。第二次世界大战后，日本全国面临严峻的粮食短缺问题。1945年11月，日本内阁会议制定了《农地制度改革纲要》，纲要要求对农业用地实施根本性改革，废除实际地租，切实保护佃农的根本利益。1946年10月，日本国会通过修改《农地调整法》和《自耕农创设特别措施法》，进一步深化农地改革，随后，日本政府又分别于1948年和1953年出台《农业改良助长法》《农业机械化促进法》等专项法律，推广农业技术，建立健全农业灾害补偿制度、金融制度、农产品价格制度保证粮食产量，大大提高了农业的生产效率，有效促进了农业的高效发展。随着日本工业化、城镇化进程的加快，城乡经济差距凸显，工业和农业发展逐渐失衡，此时乡村产业发展进入第二阶段。

第二阶段（1961—1975年）的主要目标是盘活乡村经济，促进城乡均衡发展，减少社会冲突。日本政府制定了一系列新法规，包括《农业基本法》《农业振兴法》《农地法》《农业协同组合法》等。在促进乡村经济发展的同时，日本政府也注重生态环境的保护，为此，专门制定了《山村振兴法》，该法在加强乡村产业发展基础、保护山区环境、维护生物多样性等方面发挥了重要作用。1970年出台了《农业劳动者年金基金法》，并第二次修订了《农地法》，以促进农地向农业生产法人流转，实现农业规模经营。

《农业地域工业导入促进法》《过疏地域振兴特别措施法》等不但促进农业与工业的均衡发展，使产业结构合理化，而且促进了偏远地区的经济发展，缩小了地区间差异。

第三阶段（1976年至今）则不断强化政府的引导作用，有效促进农村产业的融合发展。依托不同地域的天然条件和自然资源因地制宜地发展与其特点相适应的特色农业，形成以农业特色产品为主导的农村区域发展模式。

日本乡村振兴主要从以下几个方面着手。

第一，通过“振兴八法”，明确中长期发展目标。立法先行是日本乡村振兴中最具特色的一点。为解决农业资源禀赋先天不足、人口老龄化加剧、农业专业经营户锐减等问题，日本不断修改律法，调整政策，推进改革。从1953年的《离岛振兴法》，到2000年的《促进过疏地区自立特别措施法》，日本一共颁布了八部乡村振兴的法律，统称“振兴八法”。它们明确了政策目标、划定标准和实施措施，而且以法律的形式保证了政策的连续性。

- 1953年《离岛振兴法》
- 1954年《奄美群岛振兴开发特别措施法》
- 1964年《山村振兴法》
- 1969年《小笠原诸岛振兴开发特别措施法》
- 1971年《冲绳振兴开发特别措施法》
- 1985年《半岛振兴法》
- 1993年《促进特定农山村地区农林业发展基础整备法》
- 2000年《促进过疏地区自立特别措施法》

第二，推动产业多元化发展，首创“一村一品”模式。

一是一、二、三产业融合发展。20世纪90年代，日本学者提出以农民为主体推动一、二、三产业融合发展，实现农民增收的发展思路。2010年，日本开始施行《六次产业化·地产地销法》，鼓励农民立足本土，开发和销售具有地方特色的农产品，延长产业链，从流通环节获取利润。由政府带头成立政策性投资机构，并给予从事新产品开发和修建加工设施、零售设施的农协、农业生产法人以及非营利组织法人一定额度的补贴和贷款优惠，同时提供销售、融资等咨询服务。调动民间金融企业的积极性，通过与地方政府、农协等组织共建基金或者直接注资参股的方式，帮助小型和微型农业企业解决在发展初期面临的资金、经验、市场等问题。

二是发展环境友好型农业。20世纪70年代末，日本出现了一大批环保型农业企业。1999年日本颁布和实施《促进可持续农业生产方式法》，对化肥用量、化学合成农药的使用都做了明确规定。

三是创新经营模式。一村一品模式由日本首创。日本政府发起“一村一品”运动，充分利用“村”所在地的资源，生产特色产品或提供特色服务。在形成规模效应的同时，也对品牌质量进行检验，从而将特色资源塑造成主导产业或产品，形成“一业富全村，一品行天下”的专业村。实现了农产品的“地产地销”模式。依靠自有品牌发展“地产地销”模式，不仅可以提升当地居民的消费效益，提高本地区的食品自给率，增强地域内部经济循环，而且可以有效地创造出农村特色品牌，带动出口，形成地区支柱产业。1961年，日本大分县大山町开始农业转型探索，重点推广当地的李子和栗子，取得成功。1979年，大分县知事平松守彦号召全县（相当于中国的省）每个村镇至少生产一种在全日本乃至全世界名列第一的产品，称之为OVOP运动，政府在其中扮演了重要角色，并逐渐形成“大分模式”。1983年，日本通产省号召各级政府以大分县为样板，发展地方经济。到了20世纪90年代，日本政府向其他国家和地区宣传、推广“大分模式”。

四是促进农村地区的非农产业发展。日本施行《促进在农村地区工业发展法》，鼓励制造业、运输业、仓储业、包装业、批发业五类劳动密集型企业在农村投资建厂，有效增加农民在家门口从事非农产业的就业机会。地方政府因地制宜地灵活调整农业用地的使用，对投资企业的设施用地给予适当优惠。由政策性金融机构为投资企业提供10年期免息或贴息贷款以及债务担保。对于转让农地的失地农户给予所得税抵扣奖励，并且对其参加再就业培训期间提供生活补助，承担其求职活动的交通费、住宿费以及就职后必要的搬家费用；对于雇用当地65岁以上高龄农民1年以上的中小企业给予50万日元/（人·年）奖励。

案例⑤：日本神山町，以高科技点燃乡村。由于东京等一线大城市人口的过度饱和，日本启动了“乡土远程办公”计划，这种方式的好处是既实现了地方人口增长又不会抢夺地方工作机会。卫星办公室展现出的优越性，员工们在享有同东京本部员工相同报酬的情况下，又可以用低成本享受高品质的生活。“绿色硅谷”神山町人口在2011年首次实现正增长，工程师和创意工作者纷纷选择落脚于此，神山町成为21世纪的日本新农村产业振兴典范。

案例⑥：越后妻有“大地艺术节”。越后妻有“大地艺术节”始于2000年，每三年举办一届，是全球规模最大的国际户外艺术节。艺术节以“自然拥抱人类”为理念，以“地方重建”为目标，以艺术为桥梁，以农田为舞台，连接人与自然，试图探讨地域文化的传承与发展，挖掘地方蕴含的价值，发挥地方潜在的魅力，重振在现代化过程中日益衰颓老化的农业地区。艺术作品分别坐落在日本新潟县南部的十日町市和津南町在内的760平方公里的宽广大地上。其中有些作品同时也是餐饮设施或住宿设施等，可以供人利用；也有些作品充分利用原有的空旷房屋或废止的校舍进行改造，赋予其新的生命。

第三，通过乡村支援员制度和乡村振兴支援队，挖掘内部人才和输送外部人才。2008年，日本总务省创设乡村支援员制度，当年招聘专职乡村支援员199名，到2017年扩大到1195名；当年招聘兼职乡村支援员2000名，到2017年扩大到3320名。乡村支援员主要来自农村，他们的工作有三种：一是与地方政府协调，实施乡村综合调查；二是将综合调查结果反馈给村民和地方政府，召集各方讨论乡村振兴中面临的问题；三是根据调查和各方协商后所制定的方案，推动乡村振兴的具体工作。2009年日本政府创设乡村振兴支援队制度，和乡村支援员不同，乡村振兴志愿队员主要来自外部，而且在招聘时不要求熟悉农村、有乡村振兴经验，但限定须来自东京、名古屋和大阪三大都市圈为主的城市区域，或者是三大都市圈外的指定城市，比如仙台市、京都市等。乡村振兴支援队员的工作：一是解决村民生活中的困难，比如解决就医和协助购物；二是协助建设美好乡村环境和社区，比如农业水源保护、道路清理和修复等；三是挖掘出乡村特色并进行价值创造，比如乡村品牌开发、农产品销售等。

第四，通过故乡税制度体系振兴地方经济。进入21世纪以后，日本东京、大阪等大城市的虹吸效应凸显，越来越多的年轻人、资源、资本等涌入大城市，而农村人口减少、产业衰落，致使地方财政收入萎缩甚至濒临破产。为此日本政府2008年推出了“故乡税”制度，希望能借此促使资源和资本向乡村回流。

日本故乡税（Furusato Nozei Tax），即家乡税收捐赠计划，它是一种没有强制要求、类似捐款的“寄付金税制”。通过税收手段充分释放出人民群众对于回馈乡村、建设乡村的热情，推动形成工农互促、城乡互补、协调发展、共同繁荣的新型工农城乡关系，加速实现共同富裕。该项政策下，纳税人可以选择任意地方进行捐赠，同时获得在其所在地一定数额的税收扣除。捐款人捐款后，就能够收到受捐地方政府出具的捐款凭证。捐款人凭捐款凭证就可以向现居住地的政府税务部门申请减免住民税，或者申请个人所得税退税。该制度规定，在实施退税时，捐款者自己必须负担2000日元捐款，剩余部分可以全部抵税。为照顾捐款人居住地政府利益，该制度还规定捐款人捐款上限不得超过捐款人应缴税款总额的20%。另外，捐款者可以指定捐款使用目的，做到专款专用，也可以由接受捐款的地方自治体自主安排使用。同时作为回报，每个接受捐献的地方政府都会为故乡税纳税人准备具有当地特色的赠品作为奖励，可以是当地的特产、旅游券、活动券及工艺品等。故乡税的设立，无形中调动了小村镇的积极性，努力去把自己的本地特产产品化、精品化、特色化；用服务打好感情牌；以此获取更多的精神村民。故乡税自2008年设立以来，2008年有超过33000人次缴纳了故乡税，税收总额达到了72亿日元，2019年故乡纳税总额已经有5127亿日元。11年时间，增长了71倍。根据日本共同社2016年秋季调查结果，地方政府更倾向于将这笔资金用于教育、未成年人服务、地区产业提振、医疗卫生等方面。

尽管日本社会对“故乡纳税”的热情逐年提升，但仍存在争议，主要表现在“赠礼”过度适得其反，出现捐赠实则“套利”违背捐赠初衷；地方政府难以精确地预测税收转移的综合收益，其制定长短期计划的难度由此增加；发达地区税收减少社会服务水平下降；吸引力和公关能力较差的地区吸收捐赠款的能力较弱，有可能造成地区间的不平衡。

案例⑦： 北海道上士幌町人口不到5000人，是一个地广人稀，以农牧业和旅游观光业为主要产业的农业小镇。该町政府利用“故乡税”聘用优秀教师，加强中小学教育和幼儿保育院建设。设立“育儿与少子化对策基金”，利用7.79亿日元捐款兴建了一所优质幼儿园，供住民子女免费使用。部分捐款也用在了振兴町的文化事业上，比如利用捐款为町初中和高中管弦乐团购置了一套高级交响乐器。

案例⑧： 日本的吉卜力美术馆是宫崎骏在日本三鹰市设立的一座博物馆，里面展出了宫崎骏和团队从20世纪70年代至今的大量画作、手稿、影像和手办。2020年全球疫情的暴发，吉卜力美术馆被迫停业两次，收入的大幅减少，导致吉卜力美术馆运营困难。无奈之下，三鹰市政府在故乡纳税网站“故乡之选”中的政府众筹页面中寻求支持，希望在2021年7月15日至2022年1月31日间能筹得1000万日元（约56万元人民币），以支持三鹰之森吉卜力美术馆的可持续运营。虽然回礼只是一张小小的卡片，但在发起募捐的第一天就达成了目标额。截至2022年1月中旬，已经有4700多人参与，共计收到捐款3600多万日元，平均每人捐款7700日元，折合人民币约400多元。

案例⑨：福井县的小滨市，地方税的回礼之一是，可以帮助远在外地的小滨人照看在老家的房子和老人。市政府委托专业人员为空巢定期进行换气通风、房屋检修，并按时查看独居老人的情况。这样的回礼既吸引到了外地游子们的税金，又使他们能更安心地在都市中打拼。

12.2.5　法国乡村振兴

（1）法国乡村振兴的背景

法国不仅是世界著名的旅游国，平均每年接待外国游客7000多万人次，而且是传统的农业大国，其粮食产量常年占全欧洲粮食产量的1/3，农副产品出口居世界第一，占世界市场的11%。法国乡村市镇的占比非常高，乡村市镇占全国的2/3，占比接近70%，人口比接近30%。农业土地33.4万平方公里，占国土面积的55%。城乡的政治关系平等，拥有完全平等的市镇自治权利，城乡之间人口构成、产业结构和生活品质差距越来越小。

法国和我国一样，18世纪以前是小农经济，城市发展缓慢。19世纪工业革命彻底改变了农村和城市的关系。城市不断发展，乡村不断萎缩，出现了城乡关系失衡。第二次世界大战之后，法国百废待兴，其城市化进程由此开始。法国著名经济学家让·富拉斯蒂耶（Jean Fourasti）曾在其著作《光辉三十年》中，将法国1945—1975年描述为“光辉三十年”，在此期间，法国的城市化率从1946年的53.2%迅速增至1975年的72.9%。与之相伴随的，是大量农民持续外迁，农村空心化、人口老龄化、城乡人口失衡的问题越来越严峻，乡村危机显现。70年代随着石油危机的爆发，城市放缓，乡村振兴成为重要的议题。从80年代开始，人口增长的范围逐渐向乡村扩展。法国为此通过各种政策干预来寻求新的乡村可持续发展之路，也因此使其乡村逐步摆脱了困境走向了复兴。

（2）法国乡村振兴的举措

综合发展型模式是在国家整体规划和科学指导的精神下，通过有效协同的方式，加强了各部门之间的联系，很好地整合了社会中各个部门的优势资源，使其共同致力于推动乡村社会的发展。综合发展型模式非常强调完善的合作机制，以融合和互促的手段建设利益共同体，形成工农共同发展的良性经济循环，加快了农业现代化实现。

面对法国地区经济发展不平衡、乡村日益衰落的局面，基于城乡发展规律和有机有效的干预手段，法国通过“领土整治”“生态农业”等措施，构建了一种内生、长效的乡村复兴机制。以下是具体举措包括：

第一，综合运用多种手段，大力推进均衡化“领土整治”措施。

20世纪50年代开始，为了缩小贫富差距，法国正式实施以“均衡化”为目标的领土整治运动，即通过国家相关的法律法规支持经济欠发达地区乡村发展，实现农村社会资源的优化配置，包括山地、河流和海岸的治理以及生态环境的保护等。中央政府高度重视领土整治，在这个过程中，根据不同发展阶段，分别在20世纪50年代至90年代采取了产业均衡、城市均衡、城乡均衡和振兴老工业基地、分权改革、人与自然均衡策略，实现了渐进式的综合开发。

政府制定了一系列系统规划和法律法规。法国政府将全国96省中自然条件、经济发展相接近的集中在一起，重新形成了22个领土整治规划行动区，作为国土规划地域空间单元。1955年，颁布了《国土整治令》《领土整治与发展指导法》和配套性法律，1999年，又颁布和实施了《领土整治与可持续发展指导法》。通过各级政府的规划协议，将不同级别政策纳入相应层次的空间规划文件，具体政策细分原则如下。

- 乡村作为国土资源的组成部分，受益于覆盖全国的综合政策
- 乡村作为特定类型的国土资源，受益于针对特定地区的区分政策
- 乡村作为国土资源的组成部分，受益于不同职能部门的专项政策

引导的政策目标是提高乡村农业生产力；促进乡村非农业发展，避免乡村人口大量外流；建设高水准公共设施，提供乡村生活吸引力；在不对环境造成不利影响的前提下，发展乡村旅游业。

代表处在地方派出特派员来管理农业、工业、旅游业，并由国家财政拨款专门奖励开办新企业、部际基金委员会、农村整治基金，同时，还建立了地区“平衡基金”，即按照有关规定，定期从富裕地区抽调一定比例资金，由政府再分配给落后地区。

第二，开展“一体化农业”。

“一体化农业”就是在生产专业化和协调基础上，由工商业资本家与农场主通过控股或缔结合同等形式，利用现代科学技术和现代企业方式，把农业与同农业相关的工业、商业、运输、信贷等部门结合起来，组成利益共同体。实行“一体化农业”能够将农业和其余相关部门集合起来，通过其他部门和机构提供资金和技术指导带动农业建设，实现对农业的支持和反哺。

法国在进行农业一体化改革和开展领土整治工作中，政府都非常强调应用财政扶持、技术保障以及教育培训等综合的方式来支持乡村建设，助推乡村社会的善治。为促进农业机械化，政府大力培训、推广农机化新技术，采取补贴、资助等方式鼓励农民使用现代化农业机械，并建立了集体购买和共同使用农业机械的合作社——“居马”。这些措施最终能够加快乡村地区的发展，使得城市和乡村地区的发展速度、经济水平和预期目标趋于平衡。1970年，法国颁布《乡村整治规划》，涉及乡村经济、社会、生态、空间、文化等多个方面，鼓励乡村工业和服务业等非农产业的发展。同时，对农村发展的投入从基本设施转变为进一步改善乡村生活条件及接待城市居民设施上。通过数十年的发展，除少数偏远乡村地区以外，地区间、城乡间的差距逐步缩小，城乡间的人口流动也由长期以来的单向变为双向。

12.3 对中国乡村振兴的启示

他山之石，可以攻玉。各国在飞速工业化、城市化进程中，根据各自的历史背景和社会发展实情，对城乡关系的改善做出了诸多努力，包括德国村庄更新，日本乡村振兴、韩国新村运动等促进农村发展的社会现象无不是“自上而下”的结果，为我们提供了“由政府重点做好顶层设计、提供公共服务等工作，产业发展发挥市场的决定性作用”的鲜活样本。人为政策建构的农村发展毕竟是外生的，是一定历史阶段的产物，在一定条件下显示出先进性。其优点在于将农村发展中的部分公共事务转化为社会自觉，例如，韩国新村运动之后调动了农民的积极性，使农村发展进入新阶段。由于人为建构与自然演化之间不可避免地存在结构性矛盾，并不意味着人为建构的天然有效性。

未来，探索我国乡村振兴的新模式、新业态、新路径，依然任重道远。尽管各国关于农村土地所有制、乡村治理结构、城乡关系等现实情况各不相同，我们依旧可以从国际乡村振兴的历史沿革和实践做法中，为我国推进乡村振兴提供启示和洞察。

（1）健全政策体系，细化乡村振兴目标，确立翔实规划

为最终实现农业六次产业化，日本政府出台了一系列政策法规，形成了以《粮食·农业·农村基本计划》为核心、《农山渔村六次产业化政策实施纲要》等多部配套的政策体系。推陈出新，相关政策每隔五年根据实际发展情况重新修订，确保政策方向准确到位。韩国新村运动虽从20世纪70年代的政府主导，转变为80年代的民间主导，但每个阶段都确立了预期要达到的目标，并据此制定了详细的推进计划。比如1970—1978年，首要目标是改善村民居住条件和完善农村基础设施。韩国政府在确立各类项目的优先级后，陆续完成相关项目的建设工作。日本也是立法和规划先行，通过“振兴八法”明确了中长期目标，农林水产省、国土交通省等机构都有负责研究制定乡村振兴政策和规划的部门，通过法律制度保障相关政策和规划目标可落地执行。美国社会发展十分重视立法的保障作用。在乡村发展过程中也坚持了这一精神。它以法律的形式规范农业、农产品、农业资源、土地甚至与农业有关的粮食和农村发展政策。中国的乡村振兴应借鉴外国实践的成功经验，以法律的形式巩固政策理念，特别是乡村振兴战略的核心、思想和目标，体现战略的法律效力，增强执行力，深化农村改革，促进我国乡村振兴全面实施。根据2018年中央一号文件《中共中央 国务院关于实施乡村振兴战略的意见》，中国乡村振兴的目标任务是：2020年乡村振兴取得重要进展，制度框架和政策体系基本形成；2035年乡村振兴取得决定性进展，农业农村现代化基本实现；2050年乡村全面振兴，农业强、农村美、农民富全面实现。建议可将这些目标更具体化，明确时间节点，或者有量化的考核指标。与此同时，还应根据时间节点或者量化考核指标制定规划，确保能够如期完成阶段性任务。对我国来说，要充分认识到我国农业发展的利弊：在优势方面，要进一步开发利用，进一步转化为生产力和竞争力，使区域农业成为全国乃至世界具有竞争力的产业；在劣势方面，要不断弥补不足，不断提高竞争力。分析存在的差距和原因，特别是要注意挖掘乡村特色，培育竞争优势。在农业发展和增长的基础上，把整个农村发展，包括环境、交通、文化的发展，更加完美地结合起来，实现乡村的全面振兴。

（2）均衡的城市化和生产力布局更有利于乡村地区发展

乡村振兴不是为了把人留在农村，而是要提高他们的收入水平。韩国1971年开始新村运动时，城镇化率为55%。而中国2019年常住人口城镇化率为60.6%，户籍人口城镇化率只有44.4%。和1971年的韩国一样，中国也有推动农村人口向城市转移，进而提高农村剩余人口人均耕地面积的诉求。这是因为：中韩两国人均耕地面积都较少，人均耕地面积提高后，可以发挥出规模优势，提高农业人口的人均产出率。德国走出了一条以小城市和镇为主的城市化道路，通过空间规划和区域政策引导工业向小城市和镇布局，带动了乡村地区的发展。中国城镇化进程中各类资源明显向大城市集中，这种以东南沿海地区和大中城市为主、农民大跨度转移就业的人口迁移模式，对乡村腹地的带动效果较差。应深刻反思中国的城镇化道路，在基础设施投资、医疗和教育资源布局、土地指标分配等方面为中西部地区县城和小城镇发展创造条件。只有把小城市和镇这个节点做活，增强其辐射和带动能力，才能为城乡融合发展提供有效支点。城市发展不能建立在乡村凋敝的基础上，乡村的振兴也离不开城市的带动和支持，城乡融合发展是乡村振兴的基本路径。为此，关键就是要破除城乡分割的传统体制机制障：一要健全乡村振兴的制度框架和政策体系，二要探索乡村振兴的合适路径，既有的乡村振兴示范试点工作教训大于经验。

乡村一、二、三产业融合发展的主要目的之一就是延伸农业的产业链条，让以农业农村资源为依托的二、三产业尽量留在乡村，把农业产业链的增值收益、就业岗位留给农民。这方面德国的经验值得借鉴。德国走出了一条以小城市和镇为主的城市化道路，通过空间规划和区域政策引导工业向小城市和镇布局，带动了乡村地区的发展。我国城镇化进程中各类资源明显向大城市集中，这种以东南沿海地区和大中城市为主、农民大跨度转移就业的人口迁移模式，对乡村腹地的带动效果较差。应深刻反思我国的城镇化道路，在基础设施投资、医疗和教育资源布局、土地指标分配等方面为中西部地区县城和小城镇发展创造条件。只有把小城市和镇这个节点做活，增强其辐射和带动能力，才能为城乡融合发展提供有效支点。乡村产业发展还要因地制宜、做好规划，立足当地独特优势，发展特色产业。要综合考虑到当地的社会经济、自然条件、资源禀赋以及文化习俗等各方面的实际情况。此外，还要防止盲目跟风、照搬照抄，用一个模式去套，避免形成“千篇一律”的产业格局。伙伴协作型模式是政府通过协调各部门之间的关系，与村民形成了新型的合作伙伴，积极帮助农民改善生活，促进农村现代化的快速实现。加拿大的农村计划最为典型，提升乡村社会的活力，加拿大政府颁布实施了《加拿大农村协作伙伴计划》，加强对农村基础设施建设、公共事务治理以及村民的就业教育问题的解决力度。伙伴协作型乡村治理模式的主要价值在于实现城乡的统筹协调发展，通过平衡城市与农村的经济社会发展水平，提高农村社会的整体效益。

（3）乡村振兴所需的资金来源应以市场为主、财政为辅

韩国新村运动初期，农村处于极度贫困状态，但即使如此新村运动投入资金，来源于政府的也只有35.1%，主要来源其实是村庄自筹。日本乡村振兴同样如此，即使是1985年用于农业的财政支出达到了26462亿日元，它也只占当年日本总财政支出的5.1%，用于乡村振兴的比例则更低。2020年中国农村已全面脱贫，农村房屋和基础设施远好于新村运动初期的韩国，大规模将财政资金投入到农村的必要性不大。加之地方政府现在普遍面临债务压力，在推动乡村振兴时，更应该注重财政资金的撬动作用，而不是一味地将财政资金向农村倾斜。可以持续探索产业创新与跨区域协同、吸引共益与可持续发展，统合社会各界力量参与其中。

案例⑩：友成基金会自2015年开始探索乡村女性电商扶贫技能培训项目，先后发起“让妈妈回家创业”和“乡村女性赋能计划”，在全国的11个省98个县培训了近1.7万女性，实现了67%以上的就创业率，人均月增收500—3000元不等。基于乡村女性赋能的实践经验和社会责任，2021年，友成继续联合社会各界力量推出“香橙妈妈”乡村女性创业赋能项目，为乡村女性提供持续的“线上MOOC学习+进阶式创业赋能体系+陪伴式创业孵化”的创业成长体系，推动乡村女性的全面发展。

（4）土地整治是促进乡村振兴的重要基础平台

德国在城市化进程中始终重视乡村土地整治，在不同发展阶段赋予其不同功能。早期主要推进农地整治，解决细碎化问题，以利于机械化和规模经营。后来，把基础设施和公共事业建设作为乡村土地整治的重点。这种以土地整理为切入点，附着乡村建设整体目标，以法律规划为保证，坚持可持续发展和文化特性保护，以及以城乡等值化理念为指导的乡村现代化建设，给我们有益的启迪。荷兰的国土面积仅为4万多平方公里，却成为了仅次于美国的世界第二大农业出口国，这样的成就和荷兰乡村实行的精简集约型的农地整理模式是密切相关的。1970年以后，荷兰政府重新审视了农地整理的目标，通过更加科学合理地规划和管理，避免和减少农地利用的碎片化现象，实现农地经营的规模化和完整性。新加坡人根据土地面积少的特点，通过现代集约的农业科技园，创意垂直农场，科学技术公园等促进生产力发展，造就了这个城市农业发展的特殊结构。从德国、荷兰、新加坡的发展方向看，政府改变了过去单方面强调农业发展的单一路径，而转向多目标体系的乡村建设。长期以来，我国农村土地整治主要目的是提高耕地质量、增加耕地面积，以及腾退农村建设用地指标，没有与乡村发展深度融合。因此，应赋予我国农村土地整治更完整的功能，将其作为实施乡村振兴战略的重要基础平台，推动土地整治与农业规模经营、乡村旅游、基础设施建设、景观和环境保护等相结合。

（5）加强乡村振兴人才培养

国外的振兴举措中很重视人才在乡村振兴中的作用。日本政府2013年设立“山村发展支持制度”，对促进特色农产品销售及相关调研、人才培训活动的地方政府或企业，给予每年1千万日元的资金支持。1909年，美国成立了乡村生活改进委员会，负责乡村改进的各项工作。美国的乡村改进运动是从乡村教育运动开始的。乡村教育运动定位于对农民进行公民教育。通过设立乡村图书馆、组织青年团体、设立专门的农业发展机构等改善乡村环境。韩国的农业大学基本免收学费，并提供一系列高额奖学金，大力培养优秀的现代农业人才，甚至投入资金设立农业协会、研究机构等其他组织，对农民进行全面的专业培训。和已经结束的全面脱贫相比，中国乡村振兴的目标更多元化，对基层领导的要求也更高。可以综合日本的乡村支援员制度和韩国的新村运动培养方案，从农村内部挖掘出人才，再进行农业、经济和管理等方面的培训，让他们能够胜任发展特色产业、一村一品等任务的领导工作。

（6）根据不同发展阶段调整促进乡村振兴战略

不同发展阶段乡村衰落的内在逻辑不同，促进乡村振兴的策略也必须相应调整。德国作为工业化的先行者，经历了城市化的完整过程，其在不同发展阶段面临的乡村发展问题不同，应对策略也有较大差异。特别是在城市化率70%前后，这一点更为明显。此前，主要以农业支持保护对冲农业比较效益下降，以基础设施和公共服务建设对冲城乡生活条件差异的扩大。此后，更加注重以空间规划和区域政策对冲城乡工业的效率差异，以生态环境和乡土文化对冲城乡生活繁华程度差异的扩大。从全球经验来看，现代化是一元的，城市化的脚步不会停止，未来即使有人生活在“乡村”，在本质上莫过于是某个空间内的低密度社区，居民大概率不以农业作为职业和收入来源，而区域内的农业生产也不会对当地居住带来影响。如果现代化是一元的，那么现有的农户中的绝大多数未来不会从事农业生产，也未必在乡村生活，对此的人为建构不应尝试打破城乡融合发展的内在机制，政策需要更多的包容性。

（7）促进乡村振兴需要营造社会氛围

德国不仅通过颁布《土地整治法》《农业法》《联邦德国空间规划》等法律法规、实施村庄更新计划和欧盟“引领项目”等投资建设活动以促进乡村振兴，而且注重为乡村振兴营造氛围。例如，在民间自发开展乡村社区美化竞赛的基础上，1961年联邦德国农业部将其转化为全国性的乡村竞赛制度，每三年举办一届“我们村庄更美丽”竞赛，2007年更名为“我们村庄明天会更美好”竞赛，从注重外在美转向注重内涵美。近年来，我国一些地方自发开展了美丽乡村、星级农家乐等评比，2018年起设立“中国农民丰收节”。我国应借鉴德国经验，对这些活动进行统筹谋划，围绕现阶段乡村振兴的核心内容设计赛事内容和规则，提高活动的实效性和持久影响力。

（8）构建科学紧密的利益联结机制

在早期的农村建设过程中，城市或其他外部力量起到了关键的引导作用。在其帮助下，农村自治力量得到了发展和加强，最终成为农村建设的主体。这种模式最大限度地保障了村民的权益，同时规范了农村建设的自治秩序。产业融合的根本目的在于把融合产业获得的综合利润留给农民，让农民增收，而不是排斥农民。“有些地区乡村产业的状况就是，企业将农民的土地流转过来后，只是付给农民土地流转费用，一部分村民能够得到去企业工作的机会，但是产业的经营收益却与村民无关，这并不符合一、二、三产业融合发展的目的。对此，各地需要完善利益分配，构建科学紧密的利益联结机制，确保产业链的增值收益能够惠及农民，利用平台将农民的利益都装进来，每个村民都是股东。在与企业合作的时候，村集体经济组织承载着农民的利益，再分配到每个村民头上，村民就能享受经营所产生的收益，因此，乡村产业发展产生的收益才能够更好地惠及到农民。

由于农村产权界定模糊不清，缺乏应有的流动性，当前农村集体经济中有大量的土地、山水风景、房屋、村落以及传统文化等宝贵的资源没有得到有效利用，处于沉睡状态，难以转变为农民实实在在的收入，使得乡村振兴缺乏市场活力，唤醒这些“沉睡的资源”成为乡村振兴的关键要素。2019年全国农村集体账面资产达6.5万亿元，通过清产核资、确权到户、股份合作唤醒沉睡的资产，农民要求十分迫切。韩国普罗旺斯村显然给我们塑造了一个典范。然而，普罗旺斯村最值得我们借鉴的不是它的风情打造，也不是它的夜游项目，而是它从“我为路所用”到“路为我所用”的思维转变。只有思维转变之后，才能把面向城市消费客群的诉求进行整合提升，才能塑造出让人心向往之的村镇生活。

（9）构建乡村振兴统一平台，打造中国版故乡税

人民群众对乡村建设的热情尚未全面释放，现阶段通过捐助、投资等手段参与家乡建设的，主要是以成功企业家为代表的乡贤个人行为，缺乏长效机制和统一管理平台，个体的绵薄之力难以形成合力汇聚成人民的磅礴之力。中国欠发达地区面临着财政困难的现实窘境，而本地花费高昂成本所培育的人才在现实面前又不得不流向发达地区，那么以适当的方式回报故土，亦是游子的精神及现实需要所在。从日本的实践看，故乡税为我们乡镇发展提供了新的思考方向，故乡税的设立，可打开一个公益渠道，让走出去的年轻人能为故乡建设出一份力，也为地方政府财政提供一种开源方式，用于村镇的建设和公共服务配套方面。同时也提供了一种城乡之间均衡发展的可能性。对于我国而言，我国个人所得税所占财政收入的比重低于日本，且相比企业所得税、消费税等税种而言占比较小，故而政策的推行所遭受的阻力可能相对更小。“先富带动后富”是中国特色社会主义的发展战略，在当下“精准扶贫”的背景下“先富者”对“后起者”履行带动义务的意义更加突出，而通过个人所得税改革，让欠发达地区享受人才红利也不失为一项积极的尝试。同时我们在振兴乡村的过程中，应考虑如何与城市人群建立情感上的链接，激起人们心底的那份乡愁，让乡村成为他们的牵绊，让城市人群主动参与到乡村振兴中来，真正实现乡镇的产业振兴、人才振兴。

后 记

随着本书的完成，我们对乡村振兴战略的探讨也画上了一个圆满的句号。在这一过程中，我们不仅深入分析了乡村振兴的多维度路径，还探讨了如何通过金融创新和政策引导，激发乡村的活力与潜力。乡村振兴不仅关乎经济发展的需要，更是文化传承的使命。我们看到了文化娱乐场所的升级，感受到了本土文化产品的创新，体验到了村民文明素养的提升，以及传统文化多样性的保护。这一切，都为乡村振兴注入了鲜活的灵魂。在回顾乡村振兴战略的历史背景和时代意义时，我们深刻理解了这一战略在国家现代化进程中的重要地位。

我们详细阐述了金融在乡村振兴中的关键作用，包括货币市场、资本市场、信贷政策、保险市场和金融科技等领域的具体措施和政策建议。同时，我们也探讨了乡村振兴在国土空间规划视角下的新机遇与挑战，以及如何通过规划引领乡村振兴的新征程。展望未来，我们指出了当前乡村发展所面临的现状与困境，并展望了新时代乡村振兴历史进程下的转变，以及新形势下乡村发展的现实需求。通过研究全球乡村振兴的最佳实践，我们为我国乡村振兴提供了宝贵的国际经验。

本书的撰写基于对我国乡村振兴战略的深入理解和对相关政策措施的全面梳理，旨在为政策制定者、学者、实践者以及所有关心乡村振兴的人士提供参考和启示。我们期望通过本书的阅读，能够激发更多人对乡村振兴的关注和参与，共同为实现中华民族伟大复兴的中国梦贡献力量。

在结束本书的撰写之际，我们深知乡村振兴的路途还很漫长，但每一步的探索和实践都值得我们去珍视和记录。让我们携手并进，为建设更加繁荣、和谐、美丽的乡村而努力。感谢对外经贸大学社会保障与企业金融研究中心的支持。

著者

2025年3月　写于北京